TRENNUNG ÜBERWINDEN

Liebeskummer adé!

Wie Sie Ihren Ex-Partner loslassen lernen,
Eifersucht bekämpfen, eine emotionale
Abhängigkeit lösen und nachhaltig Ihr
Selbstwertgefühl stärken

Original Erstausgabe November 2020

1. Auflage

Bibliografische Information der Deutschen Nationalbibliothek

Die Deutsche Nationalbibliothek verzeichnet diese Publikation in der Deutschen Nationalbibliografie, detaillierte bibliografische Daten sind im Internet unter https://portal.dnb.de abrufbar.

Druck/Auslieferung: Amazon oder Tochtergesellschaft
Independently published

Inhaltsverzeichnis

Einführung

Das Ende einer Beziehung kann für viele Menschen verheerend und niederschmetternd sein. Besonders dann, wenn wir uns fragen, was denn überhaupt schiefgelaufen ist und welcher Grund zu dieser Trennung geführt hat. Wir denken weiter an den Weg, den wir zusammen mit unserem Partner hätten gehen können. Selbst wenn wir in einer Situation sind, in der wir die Trennung schon lange vorhergesehen haben, macht es dies für uns nicht einfacher, loszulassen. Es ist gewiss nicht leicht, die Bruchstücke unseres zerbrochenen Herzens wieder aufzusammeln und den Blick in die Zukunft, in der eine neue Liebe auf uns wartet, zu richten. Uns beschleicht oftmals das Gefühl, dass wir nie wieder einen anderen Menschen lieben könnten.

Vielleicht haben auch Sie Angst davor, weiterzumachen, nach vorne zu schauen und auf neues Glück hoffen, weil Sie insgeheim befürchten, dass die enttäuschende Erfahrung sich bloß wiederholen wird. Das ist zwar nicht unwahrscheinlich und kann durchaus passieren. Aber sind das große Glück, die überwältigenden positiven Gefühle und die schöne Zeit, die Sie erleben werden, es nicht wert, einen eventuellen Liebeskummer in Kauf zu nehmen? Ist es nicht gewissermaßen der Sinn des Lebens, nach

Rückschlägen immer wieder aufzustehen, nach vorne zu blicken und sich weiterzuentwickeln? Der Schmerz, den eine Trennung verursacht, ist einer dieser Rückschläge, die kaum zu vermeiden sind, wenn Sie ein selbstbestimmtes und glückliches Leben führen möchten. Gehen Sie diesem Schmerz grundsätzlich aus dem Weg, so werden Sie niemals Ihr großes Glück und Ihre Erfüllung finden.

Bringen Sie den Mut auf, den Liebeskummer zu überstehen, Ihren Ex-Partner zu vergessen und selbstbewusst voranzuschreiten. In diesem Buch gebe ich Ihnen wertvolle Tipps und Strategien mit an die Hand, die Ihnen helfen werden, die Trauer zu bewältigen und neue Lebensfreude zu entwickeln.

DIE DENKWEISE ÄNDERN

Zunächst einmal ist es wichtig, sich selbst zu beglückwünschen, dass Sie einen solch großen ersten Schritt getan haben, um Ihre vergangene Beziehung loszulassen und sich voll und ganz auf die ungewisse Zukunft zuzubewegen. Auch wenn Ihnen bewusst ist, dass die Beziehung vielleicht nicht das Richtige für Sie war bzw. nicht so funktioniert hat, wie Sie es sich selbst vorgestellt haben, so ist es niemals leicht, eine Trennung einfach so zu verarbeiten. Die Heilung Ihres Herzens wird vielleicht einige Zeit benötigen, aber wenn Sie Schritt für Schritt voranschreiten, so werden Sie nach und nach feststellen, dass Sie auch wieder in der Lage sein werden, Glück und Zufriedenheit zu erleben, genau so wie es bereits vor diesem enttäuschenden Schicksalsschlag möglich war.

Es erfordert keine großartigen Zaubertricks, einen Menschen loszulassen. Es benötigt vor allem ein entschlossenes Engagement Ihrerseits. Der Erfolg jedes Schrittes, den Sie vorwärts gehen wird dabei nicht von der Stärke der Beziehung, die Sie zu Ihrem Ex-Partner hatten, abhängen, sondern in erster Linie von der Stärke der wichtigsten Beziehung, die Sie in Ihrem Leben haben: der Beziehung zu sich selbst!

Die Art und Weise, wie Sie denken, wird immer die Grundlage dessen sein, was Sie fühlen. Denken Sie möglicherweise immer, dass Sie der Verlierer sind, weil Sie von Ihrem Partner verlassen wurden? Oder haben Sie vielleicht immer das Gefühl, dass Sie niemals wieder jemanden finden werden, der genauso gut oder sogar besser ist als Ihr Ex-Partner?

Wenn Sie auf zumindest eine dieser Fragen mit Ja geantwortet haben, dann ist es an der Zeit, dass Sie Ihre Denkweise ändern. Der Erfolg in Ihrem Leben hängt stark von Ihrer mentalen Stärke ab. Es ist schwierig, etwas loszulassen, wenn Sie von einem Ort der Niederlage aus handeln. Wenn Sie sich zu sehr auf Gedanken konzentrieren wie „Ich kann es noch immer nicht glauben, weshalb er/sie mich verlassen hat", dann konzentrieren Sie sich auf den Verlust. Auch wenn Sie instinktiv wissen, dass Sie dies nicht tun sollten, so ist es dennoch einfacher, sich an etwas zu klammern, anstatt die Tatsache zu akzeptieren, dass es vorbei ist. Jedoch ist es bei einem Verlust so, dass er nichts hinterlässt. Ein Verlust ist ein Verlust und es bleibt nichts Greifbares mehr übrig. Deshalb ist es so wichtig, dass Sie sich auf positive Gedanken besinnen, welche Sie tief im Inneren erfüllen.

Machen Sie sich klar, dass Sie die Kontrolle darüber haben, was Sie glauben und letztendlich auch fühlen. Das ultimative Werkzeug, welches Ihnen dabei helfen kann, eine vergangene Beziehung hinter sich zu lassen, ist Ihr Gehirn. Sobald Sie es geschafft haben, Ihre Denkweise zu ändern, so können Sie auch Ihre Gefühle über die Trennung ändern.

Es ist durchaus nicht einfach, mit dem Ex-Partner zu brechen und es kann sich anfühlen wie eine emotionale Achterbahnfahrt. Dabei wird es Tage geben, an welchen Sie sich erlöst fühlen von all den Zwängen und Pflichten, die eine Beziehung mit sich bringt. Dann wird es aber auch wieder Tage geben, an denen Sie das Gefühl haben, dass Sie sich im tiefsten Tal befinden, in das es einen Menschen verschlagen kann. Das Entscheidende ist hierbei, Ihre Gedanken so in den Griff zu bekommen und sie dahingehend zu verändern, dass sie sich überwiegend auf der positiven Seite befinden. Sie haben jederzeit die Macht, zu ändern, wie sich die Trennung auf Ihr Wohlbefinden auswirkt. Es wird eine riesige Befreiung sein, die Entscheidung zu fällen, dass Sie jetzt loslassen und Ihren eigenen Weg gehen.

Hier sind einige Gedanken, an die Sie sich unbedingt erinnern sollten, während Sie eine Trennung verarbeiten:

- **Nur weil Sie von ihm/ihr verlassen wurden, heißt das nicht, dass Sie weder schön, noch klug oder begehrenswert sind!** Es hat absolut nichts damit zu tun, wie Sie aussehen, denn Schönheit liegt immer im Auge des Betrachters, und es mindert vor allem nicht Ihren Wert als Person.
- **Die Trennung ist keine Strafe!** Egal, welches Unrecht Sie früher einmal in dieser Beziehung oder in vorangegangenen Beziehungen begangen haben, es hat nichts damit zu tun, was jetzt passiert ist. Die Trennung ist keine Strafe für eine weit zurückliegende Tat.
- **Es ist nicht Ihre „Schuld", dass Sie sich in diese Person verliebt haben!** Niemand ist wirklich „schuld" am Verliebtsein. Schließlich hat er sich ja auch in Sie verliebt, oder nicht? Sich zu verlieben ist keine Entscheidung. Es ist einfach ein Gefühl, welches einen überkommt, wenn man sich zu jemandem hingezogen fühlt.
- **Dass Ihr Ex-Partner Sie durch die Trennung emotional verletzt hat, heißt nicht, dass er ein schlechter Mensch ist!** Schließlich sind Sie selbst ja auch nicht gleich ein schlechter Mensch, nur weil Sie mit einer bestimmten anderen Person keine Beziehung führen möchten?! Sie sind ganz einfach nicht die „Richtige" für ihn, und was

noch viel wichtig ist: er ist nicht der „Richtige“ für Sie!

- **Er wird ganz sicher einen neuen Partner finden; aber Sie auch!** Vermeiden Sie es, Hass auf seinen neuen Partner zu entwickeln und unterlassen Sie es, sich an ihr oder an ihm zu rächen und diese Beziehung zu stören. Denken Sie immer daran, dass unüberlegte Dinge, die aus negativen Emotionen heraus getan werden, schon morgen auf Sie zurückkommen könnten und neues Bedauern auslösen werden.

Es ist absolut normal, über eine Trennung nachzudenken. Es ist durchaus auch erlaubt und auch angebracht, eine gewisse Zeit zu trauern. Aber versuchen Sie es nicht zu übertreiben und Ihre Freunde, Familie und Arbeitskollegen Tag für Tag mit Ihrem Kummer zu belästigen. Diese werden es in aller Regel aus Freundlichkeit vermeiden, sich bei Ihnen zu beschweren. Aber sicherlich haben Sie selbst es auch nicht gern, wenn eine andere Person sich täglich einzig und allein ihren Kummer bei Ihnen von Seele redet. Eine hilfreiche Methode, um Liebeskummer zu bewältigen, ohne dabei die Gefühle zu unterdrücken, ist zum Beispiel die 30-Minuten-Methode. Nehmen Sie sich jeden Tag 30 Minuten Zeit, um Ihren Ex-Partner und die Trennung nachzudenken. Stellen Sie sich dafür am besten einen Wecker, der nach 30 Minuten klingelt. Suchen Sie sich etwas, womit Sie sich nach dieser Phase ablenken können und was Ihnen wieder positive Gedanken bringt.

WARUM ES SO SCHWER IST, LOSZULASSEN

In diesem Kapitel gehen wir einmal auf einige Gründe ein, welche es Ihnen so schwer machen, Ihren Ex-Partner loszulassen. Beurteilen Sie dabei, was Sie fühlen und bestimmen Sie den wahrscheinlichsten Grund, weshalb Sie so sehr unter der Trennung leiden. Sobald Sie den hauptsächlichen Grund dafür erkennen, können Sie wirksame Maßnahmen ergreifen, um ihn zu überwinden.

Sie spüren immer noch Wut

Wut kann ein schwerer Anker sein, welcher es Ihnen erschwert, voranzuschreiten. Wenn Sie jeden Tag wütend sind über Dinge, die Ihnen widerfahren sind oder über Dinge, die andere Menschen über Sie gesagt haben, dann versinken Sie nur immer tiefer im Tal der negativen Gedanken, welche es Ihnen nur noch schwerer machen, Ihren Schmerz hinter sich zu lassen und eine glückliche Zukunft zu beschreiten. Bei der Überwindung von Wut spielen vor allem Akzeptanz und Vergebung eine entscheidende Rolle. Akzeptieren Sie die Tatsache, dass Ihre Beziehung und die anschließende Trennung in der Vergangenheit liegen und Ihre Zukunft nicht beeinflussen. Egal, ob Sie sich in einer Trennungsphase befinden oder noch immer in einer Beziehung sind, die Zukunft ist generell immer ungewiss. Und so nützt es auch nichts, sich an etwas Vergangenem festzuhalten, was in der Zukunft ohnehin ungewiss wäre. Vergangenes lässt sich nicht ändern und daher ist es reine Zeit- und Energieverschwendung, sich auf Dinge zu fokussieren, die in der Vergangenheit liegen. Verwenden Sie Ihre vorhandene Energie nur für das, was Sie in der Gegenwart beeinflussen können, um somit Glück zu erleben. Die Vergebung ist notwendig, um die Kontrolle über Ihre Gefühle und Ihr Leben zurückzubekommen. Haben Sie negative Gefühle, wenn Sie über Ihren Ex-Partner nachdenken, so hat Ihr Ex-Partner gewissermaßen die Kontrolle über Ihr Leben. Was immer Sie auch tun, wenn Sie aufgrund Ihrer negativen Gefühle handeln, so ist dies im Grunde nicht Ihr eigener Entschluss, sondern Sie werden gesteuert von den Gefühlen, die Ihr Ex-Partner in Ihnen auslöst. Holen Sie sich die Kontrolle zurück, indem Sie ihm vergeben und lassen Sie nicht mehr zu, dass ein anderer Mensch Sie aufgrund von Emotionen negativ beeinflusst.

Sie sind es gewohnt, dass Sie immer alles bekommen

Es fällt Ihnen schwer zu verstehen, dass Sie von Ihrem Partner verlassen wurden. Sie können es nicht anerkennen, dass er ausgerechnet Sie abgewiesen und er Ihnen das Herz gebrochen hat. Dabei haben Sie ihn doch so sehr geliebt, also wie kann er es wagen, Ihnen so etwas anzutun?

Viele Menschen sind es gewohnt, immer irgendwie das zu bekommen, was sie wollen. Gewöhnlich haben die Menschen, die selten einen Rückschlag erlitten haben, große Probleme damit, mit solchen Niederlagen umzugehen. Das Leben war für sie immer im Fluss und es benötigte kaum einmal größere Anstrengung und Energie, um etwas zu erreichen. Doch auch diese Menschen mussten wahrscheinlich schon oft kämpfen. Wenn Sie sich zu diesen Menschen zählen, dann erinnern Sie sich einmal an Ihre Kindheit zurück, in der Sie lernten zu laufen, zu schwimmen, fahrradzufahren, zu schreiben und zu rechnen. All diese Fähigkeiten mussten sicherlich auch von Ihnen hart erarbeitet werden, auch wenn es Ihnen nun viele Jahre später nicht mehr so sehr im Gedächtnis liegt. Beim Laufen sind Sie sicher unzählige Male hingefallen. Aber Sie hatten den Drang wieder aufzustehen und es erneut von vorne zu versuchen. Und mit jedem Schritt, den Sie fortan gingen, wurden Sie besser. Sie wurden besser und selbstbewusster, weil Sie sich Ihrer eigenen Stärken bewusst wurden. Und da es im Leben, außer dem Leben selbst, nichts geschenkt gibt, ist es notwendig, Fähigkeiten zu

erlernen, um mit den gegebenen Situationen bestmöglich umzugehen.
Diese Tatsache zu verleugnen und blind dafür zu sein, was Sie selbst dafür tun müssen, um ein glückliches und erfolgreiches Leben zu führen, verankert Sie in Ihrem Schmerz und hindert Sie daran, wirklich loszulassen. Akzeptieren dies als eine wichtige Tatsache des Lebens.

Viele Fragen bleiben unbeantwortet

Haben Sie möglicherweise auch das Gefühl, dass Ihre Trennung so plötzlich war, dass sie einfach wie aus dem Nichts kam? Haben Sie sich total verloren gefühlt, nachdem er mit Ihnen Schluss gemacht hat? Vielleicht hatten Sie das Gefühl, von einem Zug überfahren zu werden, den Sie nicht haben kommen sehen.

Beziehungen, die auf eine solche Weise enden, lassen oftmals viele Fragen unbeantwortet. Anstatt über die Probleme zu sprechen, wurde das Paar von Wut und Schmerz zerfressen, sodass beide keinen Sinn mehr darin sahen, ein echtes Gespräch zu führen.
Wenn dies bei Ihnen der Fall ist, dann werden Sie unter Umständen zu sehr an den unbeantworteten Fragen festhängen, anstatt die Vergangenheit loszulassen.

Sie können versuchen, ein ernsthaftes Gespräch mit Ihrem Ex-Partner zu führen. Und zwar nicht, um eine Versöhnung einzuleiten, sondern um die erdrückenden Fragen zu klären, die sich in Ihrem Kopf festgesetzt haben. Wenn dies nicht möglich ist, weil Ihr Ex-Partner sich weigert oder weil Sie selbst die Befürchtung haben, dass ein Treffen oder ein Gespräch mit ihm nur alte Wunden aufreißen und großen Schmerz verursachen würden, dann versuchen Sie, sich diese Fragen selbst zu beantworten. Betrachten Sie Ihre vergangene Beziehung aus der Vogelperspektive und achten Sie darauf, dass Sie sich nicht für alles selbst die Schuld geben. Sobald Sie eine gute Vorstellung darüber haben, weshalb die Beziehung zurecht beendet wurde, werden Sie bereit sein, den Weg des Loslassens einzuschlagen.

Ihr Ego wurde zerschlagen

Sie wollen es sich vielleicht nicht eingestehen, aber Sie haben ein Ego. Jeder Mensch hat ein Ego und manchmal können unsere Egos unsere schlimmsten Feinde sein. Ein zu großes Ego führt sehr oft dazu, dass ein Mensch versucht, eine andere Person zu manipulieren oder gewisse Dinge zu tun, die sie normalerweise in solchen Situationen niemals tun würde und zwar nur wegen einem angeschlagenen Ego. Eine typische

Reaktion ist, sich an der Person, die das Ego beschädigt hat, zu rächen und ihr einen ebenso großen Schmerz zuzufügen. Wenn eine Person vom eigenen Partner verlassen wurde, dann führt dies bei bestimmten Leuten oftmals nicht nur zu Liebeskummer, sondern auch zu einem schwer angekratzten Ego, welches es schwierig, die Beziehung loszulassen und weiterzuziehen.

Wenn Sie ein solcher Mensch sind, dann sollten Sie zuerst versuchen, Ihr starkes Ego loszulassen, bevor Sie die ganze Beziehung loslassen. Solange Sie wegen Ihres verletzten Egos große Wut und Enttäuschung spüren, werden Sie kaum in der Lage sein, sich zu befreien und weiterzuziehen.

Nehmen Sie eine Trennung nicht persönlich. Akzeptieren Sie, dass Sie nicht alles im Leben kontrollieren können und dass Sie nicht von jedem Menschen geliebt werden können. Nicht immer verläuft das Leben reibungslos und nicht immer bekommen Sie das, was Sie wollen. Lernen Sie, damit umzugehen, dass auch Ihr Ego hin und wieder einmal verletzt wird.

Versuchen Sie, den Grund herauszufinden, der zu Ihrer Trennung geführt hat. Reflektieren Sie dabei auch Ihr eigenes Verhalten und untersuchen Sie, ob Sie selbst Fehler begangen haben. Projizieren Sie Ihre Fehler aber nicht auf Ihre Persönlichkeit. Sie sind nicht der Fehler, den Sie möglicherweise begangen haben. Der Fehler steht für sich selbst und hat nichts mit Ihnen als Person zu tun.

Welche Lektion können Sie lernen?

Sie haben sich nun von Ihrem Ex-Partner getrennt, den Sie für den Richtigen hielten. Doch anscheinend ist er es nicht, also bereiten Sie sich auf die Zukunft vor, in der der „Richtige" auf Sie wartet. Anstatt sich mit „Was wäre wenn?"-Fragen aufzuhalten, gehen Sie lieber einmal tief in sich und suchen Sie nach den Lehren, die Sie aus Ihrer zerbrochenen Liebesbeziehung gezogen haben. Auf diese Art und Weise können Sie das Gelernte beim nächsten Mal nutzen und es für eine erfolgreichere Beziehung anwenden. Im Folgenden finden Sie einige Lektionen, die Sie vielleicht aus Ihrer vergangenen Beziehung ziehen können.

Wenn Ihr Partner betrügen will, dann wird er einen Weg finden

Dies ist höchstwahrscheinlich die schmerzhafteste Lektion, die Sie aus einer Beziehung lernen können. Oftmals denken wir, wenn wir von unserem Partner betrogen wurden, darüber nach, was ihn wohl zu diesem Schritt bewegen konnte und wir versuchen uns insgeheim selbst die Schuld für seinen Fehltritt zu geben. „Vielleicht hätte ich meinen Partner nicht alleine mit seinen Freunden weggehen lassen dürfen. Vielleicht hätte ich attraktiver, schöner, wohlhabender, erotischer, intelligenter oder empathischer sein müssen, damit er mich nicht betrügt.“ Mit diesen Gedankengängen irren wir uns aber. Selbst wenn Sie versuchen, Ihrem Partner eine Leine umzulegen: Wenn er Sie betrügen will, dann wird er einen Weg finden. Es liegt nicht an Ihnen, dass er Sie betrogen hat. Es ist ein Fehler, den allein er begangen hat. Machen Sie sich nicht selbst klein und schenken Sie ihm keinen Glauben, wenn er versucht, Ihnen die Schuld in die Schuhe zu schieben.

Versuchen Sie nicht, Ihren Partner zu ändern

Wenn Sie eine Beziehung beenden, weil Ihr Partner nicht in der Lage war, sich zu ändern, dann sollten Sie erkennen, dass diese Beziehung im Grunde von Beginn an zum Scheitern verurteilt war. Versuchen Sie niemals, einen Menschen zu ändern oder ihn zu der Art von Person zu formen, die Sie sich wünschen. Kein Mensch auf der Welt hat es nötig, sich für jemand anderen zu ändern und zu verformen. Genauso wie Sie selbst sich niemals für eine andere Person verbiegen sollten, so dürfen Sie auch nicht erwarten, dass jemand anders dies für Sie tun wird. Akzeptieren Sie Ihren zukünftigen Partner so wie er ist. Und wenn es gewisse Dinge an seiner Person gibt, mit denen Sie schlichtweg nicht zurechtkommen, dann machen Sie sich nicht weiter die Mühe, sich auf eine Beziehung einzulassen. Dadurch bleiben am Ende bloß gebrochene Herzen übrig.

Liebe ist nicht alles

Eine erfolgreiche Beziehung, die auf Dauer halten soll, ist eine Harmonie von verschiedenen Dingen. Es bedarf eines richtigen Maßes an Kommunikation, Verständnis, Kompromissen, Loyalität, Ehrlichkeit und Vertrauen. Eine Beziehung kann schwer nur durch Liebe am Leben gehalten werden. Der große Schmerz, die viele Trauer und die Wut, die entstehen, wenn mehrere Faktoren vernachlässigt werden, sind es oftmals nicht wert, eine Beziehung nur der Liebe wegen am Leben zu halten. Ein gutes Zusammenspiel aller verschiedener Faktoren gibt in der Regel den Ausschlag darüber, ob eine Beziehung erfolgreich wird oder nicht.

Single zu sein hat auch seine Vorteile

Nach einer Trennung fällt es vielen Menschen schwer, wieder auf die Beine zu kommen. Vor allem, weil sie es während der Beziehung gewohnt waren, nahezu alles mit ihrem Partner zusammen zu machen. Vielleicht geht es Ihnen genauso. Doch machen Sie sich eine Sache klar: Jetzt ist genau der richtige Zeitpunkt, um die Beziehung zu Familienmitgliedern und Freunden wieder neu zu beleben. Sie sollten die Kontakte, die während Ihrer letzten Beziehung vernachlässigt wurden, wieder neu auffrischen. Fangen Sie an, Ihr Leben wieder selbstständig in die Hand zu nehmen und das zu tun, was Sie wollen. Gehen Sie wohin Sie wollen, ohne irgendwen um Erlaubnis zu fragen. Nutzen Sie die freie Zeit mit sich selbst und Sie werden erkennen und erstaunt sein, dass der einzige Mensch, den Sie in Ihrem Leben brauchen, Sie selbst sind.

Sie haben nun einige Lektionen kennengelernt, die Ihnen auf Ihrem weiteren Weg helfen können. Es liegt an Ihnen, das Gelernte auf Ihre nächste Beziehung anzuwenden. Nutzen Sie diese Lektionen auch, um Sie auf den Prozess des Loslassens anzuwenden. Schreiten Sie weiter voran und Sie werden sich in Ihren Entscheidungen und Antworten deutlich sicherer fühlen. Wann immer es Gedanken oder Gespräche gibt, die in Ihnen Wut entfachen oder Sie zum Weinen bringen, erinnern Sie sich an die Lektionen, die Sie lernen konnten und rücken Sie das, was Sie fühlen in ein positiveres Licht.

TRAUER ZULASSEN

Trauer ist ein normaler Bestandteil des Lebens. Wann immer wir einen geliebten Menschen verlieren oder etwas anderes sehr Schmerzhaftes erleben, setzt bei uns eine Trauerphase ein. Wichtig dabei ist, diesen Trauerprozess nicht einfach zu überspringen, sondern die Trauer auch voll und ganz zuzulassen. Verdrängen wir den Schmerz, weil wir Angst davor haben, zu leiden, so werden sich all diese Gefühle früher oder später wieder an uns heranschleichen und zwar dann, wenn wir am wenigsten darauf vorbereitet sind. Deshalb ist es unabdingbar, sich jedes Mal im Hier und Jetzt mit der Trauer zu befassen.

Manche Menschen sind der Meinung, dass es für sie einfacher wäre, sich von einer Trennung zu erholen, indem sie gleich am nächsten Wochenende in die Bar gehen, um etwas zu trinken und jemand Neues kennenzulernen. Wenn diese Personen keinen großen Schmerz spüren, weil Sie Ihren Ex-Partner ohnehin nicht wirklich geliebt haben, dann mag diese Methode durchaus in Ordnung sein. Aber eine wirkliche Liebesbeziehung, die vor kurzem erst zu Ende gegangen ist, hinterlässt Schmerz. Und um sich vollkommen vom Liebeskummer zu erholen, ist es notwendig, diese Trauerphase zu durchleben. Bar-Hopping-

Eskapaden mit Freunden sollten daher zunächst einmal etwas verschoben werden.

Im Folgenden stelle ich Ihnen die fünf Schritte der Trauer vor, die jeder Mensch in einer ähnlichen Art und Weise durchläuft. Nehmen Sie sich mit jedem Schritt Zeit und vergewissern Sie sich, dass Sie verstehen, dass es in diesem Prozess keine Eile gibt. Es gibt keine übliche Zeitspanne für diesen Trauerprozess. Der eine benötigt nur ein paar Wochen um die Trauer zu überwinden, der andere hingegen ein paar Monate.

Verleugnung

Der anfängliche Schock der Trennung spielt in diesem Teil eine große Rolle. Im ersten Moment und in den ersten Tagen nach der Trennung werden Sie es nicht wirklich glauben. Es wird einfach nicht einsinken, dass die Beziehung vorbei ist.

Sie sollten Ihrem Verstand die Möglichkeit geben, das Geschehene anzuerkennen. Verleugnung ist im Grunde wie ein Sicherheitsnetz. Sie bietet Ihnen die Chance, die derzeitige Situation ohne allzu tiefe Gefühle durchzuarbeiten, bis Sie bereit sind, die Emotionen vollständig zu verarbeiten. Versuchen Sie nicht, Ihre vergangene Beziehung zu schmälern oder so zu tun, als sei die Beziehung nie wirklich das gewesen, für was Sie es gehalten haben.

Wut

Während der Zeit der Verleugnung haben Sie höchstwahrscheinlich nur wenig bis gar keine Wut empfunden, weil Sie die Trennung ohnehin noch nicht anerkannt haben. In dieser zweiten Phase, wo die Verleugnung verflogen ist, sind Sie wütend. Aber machen Sie sich keine Sorgen, denn es ist in Ordnung, wütend zu sein und es durchaus ein natürlicher Prozess, den Sie durchstehen müssen. Versuchen Sie Ihre Wut so gut es geht zu beherrschen und nichts zu tun, was Ihre Wut noch verschlimmern könnte, indem Sie beispielsweise Ihrem Ex-Partner nachstellen. Der effektivste und schnellste Weg, diese zu Phase der Wut zu überwinden, ist, den ganzen Ärger auf eine konstruktive Weise loszulassen.

Eine effektive Möglichweit, um seine Wut herauszulassen, ist, sich Stift und Papier zu nehmen und einen Brief an seinen Ex-Partner zu schreiben. Warum sollten Sie einen Brief schreiben? Es ist manchmal schwer, anderen gegenüber ehrlich zu sein und noch schwerer ist es, sich selbst gegenüber ehrlich zu sein. Ein privater Brief ist jedoch so etwas wie ein sicherer Ort, an welchem wir unsere Emotionen komplett herauslassen und bestimmte

Dinge ausdrücken können, zu denen wir nie die Chance oder Mut hatten, sie offen auszusprechen.

Fangen Sie mit dem Brief an, indem Sie alle Gedanken und Emotionen, die Sie derzeit spüren, herauslassen. Notieren Sie all Ihre Frustration und Ihre Ängste, welche Sie spüren, wenn Sie über Ihre vergangene Beziehung nachdenken. Schreiben Sie auf, warum Sie genau verärgert sind. Wollen Sie Ihren Ex-Partner gerne anschreien? Dann bringen Sie es auf das Papier! Sind Sie verwirrt oder müssen Sie weinen, wenn Sie an ihn denken? Schreiben Sie es auf!

Seien Sie bei dieser Aufgabe unbedingt vollkommen ehrlich zu sich selbst, denn um sich selbst zu heilen, müssen Sie all die negativen Emotionen, die in Ihnen stecken, herauslassen.

Notieren Sie in diesem Brief ebenso alle Dinge, die Sie aus der letzten Beziehung gelernt haben. Und zwar nicht nur, die Dinge, die es in einer zukünftigen Beziehung zu vermeiden gilt, sondern auch die Dinge, die Sie über sich selbst gelernt haben. Versuchen Sie, so genau wie möglich alle Lektionen aufzuschreiben, die Ihnen in den Sinn kommen.

Am Schluss des Briefes empfehle ich Ihnen, sich bei Ihrem Ex-Partner für all die Lektionen, die Sie aus der Beziehung mitnehmen konnten, zu danken. Vergeben Sie ihm für den ganzen Schmerz, den er Ihnen zugefügt hat und wünschen Sie ihm das Beste für seine eigene Zukunft und gestehen Sie ihm zu, ihn endgültig gehen zu lassen.

Wenn der Brief schließlich vollständig ist, dann lesen Sie ihn einmal laut vor. Lesen Sie diesen Brief mit all den Gefühlen, die in Ihnen wohnen und spüren Sie, wie Sie diese Gefühle mit jedem einzelnen vorgelesenen Wort gehen lassen. Lesen Sie den Brief dabei mit klarer und starker Stimme. Wenn Sie den Brief ein letztes Mal durchlesen, erkennen Sie die Worte und ihre Bedeutung an und lassen Sie es nicht nur in Ihren Ohren, sondern auch in Ihrem Herzen widerhallen.

Nachdem Sie den Brief geschrieben und schließlich durchgelesen haben, zerreißen oder verbrennen Sie ihn und werfen Sie ihn weg. Durch diese eine Aktion können Sie auf eine symbolische Art und Weise mit der Beziehung und dem Schmerz abschließen. Atmen Sie am Ende tief ein und entspannen Sie sich. Das Loslassen von negativen Emotionen ist niemals eine leichte Aufgabe, aber Sie belohnen sich selbst, indem Sie einen so großen Schritt in Richtung Heilung gehen.

Feilschen

Nachdem Sie die Phase der Wut überstanden haben, kommt Ihnen möglicherweise ein Gedanke: „Ich will dich zurück!“. Sie sehnen sich insgeheim nach den vielen schönen Momenten, in denen alles so perfekt schien und Sie fühlen sich wieder bereit, um mit Ihrem Ex-Partner neu zu „verhandeln“, um diese wunderbare Zeit zurückzubekommen. Ihre Bereitschaft, große Opfer zu bringen und sich selbst zu verändern, nur um Ihren Ex-Partner zurückzuerobern, wird jetzt ganz offensichtlich. Vielleicht kommen Sie sogar an den einen Punkt, an dem Sie dazu bereit sind, alles zu vergessen, was er Ihnen angetan hat, nur um ihn zurückzuerhalten. In dieser Phase ist die Gefahr, wieder in die erste Phase herabzufallen, sehr groß. Machen Sie sich keine Illusionen. Gehen Sie nicht vor Ihrem Ex-Partner auf die Knie und bitten Sie ihn nicht darum, Sie wieder zu lieben. Die Dinge, die Sie bereit sind, an sich selbst zu ändern, sollten Sie nur für sich selbst ändern. Ändern Sie sich nicht, um Ihrem Ex-Partner oder irgendeinem anderen Menschen zu gefallen. Versuchen Sie, der Mensch zu sein, der Sie sein wollen und nicht der Mensch zu sein, den andere gerne haben wollen. Setzen Sie sich Ziele, wie zum Beispiel mehr körperliche Fitness zu erreichen oder beruflich voranzukommen. Aber das Erreichen dieser Ziele sollte ausschließlich Ihrem eigenen Wohl dienen. Besonders eine gesunde Ernährung und viel Sport zahlen sich in einer Trennungsphase aus, weil beides dem Körper sehr viel mehr Energie verleiht, als deprimiert auf dem Sofa zu liegen und Junk Food zu verspeisen. Tun Sie Dinge, die Ihrem Körper und Ihrer Seele guttun. Wenn Sie es sich jedoch auch einmal einen Sonntag Nachmittag auf der Couch gemütlich machen möchten mit einer schönen Fernsehserie und etwas Soul Food, dann ist dies sicherlich auch eine wirksame Methode, um etwas zur Ruhe zu kommen. Aber es sollte auf keinen Fall ein Dauerzustand werden.

Depression

Nun gelangen Sie in aller Regel in den traurigen Teil. Sobald der ganze Ärger verflogen ist und Ihre Verhandlungen gescheitert sind bzw. im besten Fall natürlich angewandt wurden, was bleibt Ihnen dann noch? Möglicherweise werden Sie mit „Nichts" antworten. Und da ist definitiv auch etwas dran! Sie geraten höchstwahrscheinlich in eine Depressionsphase, in der für Sie alles nur noch sinnlos erscheint. Sie sollten Sie nicht dazu zwingen, hinauszugehen und sich unter Menschen zu mischen, nur um gewissermaßen „gut auszusehen", obwohl Sie in Wirklichkeit innerlich zusammenbrechen. Wie auch vorher schon erwähnt, ist es kein grundsätzlich schlechter Einfall, sich in seinem Wohnzimmer einzusperren, sich hinzulegen und das TV Programm zu genießen. Die Zeit mit sich allein kann Ihnen sehr guttun. Wenn Sie nicht bereit sind, sich mit Freunden zu treffen, sondern etwas Ruhe und Einsamkeit benötigen, dann tun Sie sich diesen Gefallen. Schließlich gehört es zum Loslassen seine Gefühle herauszulassen. Zu weinen ist eine sehr gute und natürliche Methode, dies zu tun. Und wo können Sie am besten weinen? Ganz sicher nicht, wenn Sie sich mit Freunden in einer Bar treffen. In dieser Hinsicht ist etwas Einsamkeit also durchaus angebracht.

Auch wenn dies vielleicht die schmerzhafteste Phase der Trauer ist, so ist sie genau die Phase, die Sie einmal durchleben müssen, um wirklich voranzukommen.

Akzeptanz

Die Akzeptanz ist letztendlich genau das, was Sie anstreben. Wenn Sie endlich an einen Punkt gelangen, an dem Ihnen klar wird, dass Sie sich im Grunde nur selbst verletzen, wenn Sie die Gegenwart, das Hier und Jetzt, vernachlässigen und an den schönen Momenten der Vergangenheit festhalten, dann ist die Zeit gekommen, wieder in die Welt hinauszugehen und spannende, neue Abenteuer zu erleben.

Konzentrieren Sie sich nur auf sich allein! Die Vergangenheit ist abgeschlossen, die Trennung ist überwunden, also fangen Sie an, Ihr Leben wieder so zu genießen, wie Sie es gerne tun möchten. Sie haben sich dafür entschieden, sich Zeit zu nehmen, um den Prozess der Trauer durchzustehen und auf der anderen Seite wieder als neuer, frischer Mensch mit viel positiver Energie herauszukommen. Akzeptanz bedeutet nicht, alles gutzuheißen, was passiert. Es bedeutet vielmehr, die Dinge so zu akzeptieren, wie sie sind, weil sie nunmal nicht zu ändern sind. Leben Sie Ihr Leben weiter und durch die Stärke, die Sie durch diese Trennung gewonnen haben, wird es Ihnen bei einer eventuellen nächsten Trennung sehr viel leichter fallen, diese durchzustehen.

Trauer zulassen

Eifersucht überwinden

Selbst wenn eine Trennung am Ende schier unvermeidlich war und Sie sich sicher sind, dass Sie ohne Ihren Ex-Partner sehr viel besser dran sind, so ist es vollkommen üblich und auch verständlich, sich immer wieder zu fragen, wie es wohl Ihrem Ex-Partner ergangen ist, was er so treibt, ob er Sie vermisst und ob er möglicherweise wieder einen neuen Partner gefunden hat. Eifersucht nach einer Trennung kann manchmal ein noch viel größeres Thema werden als die Gefühle, die man in der eigentlichen Beziehung hatte. Wenn Sie erfahren, dass Ihr Ex-Partner sich wieder mit neuen Leuten trifft, fragen Sie sich instinktiv, weshalb Sie eigentlich nicht gut genug für ihn waren und warum ausgerechnet diese neue Menschen, mit denen er sich trifft, besser sind als Sie, oder warum Sie genau das haben, wonach Ihr Ex-Partner sich sehnt. Sie befinden sich nicht mehr in einer Situation, in der Sie wütend und enttäuscht sind und sich betrogen fühlen und in der es Ihnen nicht zusteht, sich darüber zu beschweren, wenn Ihr Ex-Partner sich mit jemand Neuem trifft. Dies alles entfacht schließlich eine extreme Eifersucht, die es letztendlich zu zähmen gilt. Aber mit den richtigen Schritten ist dies ohne Frage möglich!

Seien Sie stark

Denken Sie immer daran und reden Sie sich immer wieder ein, dass sich am Ende alles zum Guten wendet. Es steckt kein physischer Faktor hinter Ihrer Angst und Ihrer Panik. Es gibt rein gar nichts, wodurch Sie bedroht werden. Die Eifersucht steckt im Grunde nur in Ihren Gedanken fest. Sie steigern sich in eine Vermutung oder vielleicht auch in eine Gewissheit hinein, dass Ihr Ex-Partner sich mit einem anderen Menschen trifft. Es ist Ihre Aufgabe, diese negativen Gedanken loszuwerden, um wieder Harmonie zu finden. Sie sollten zuerst einmal begreifen, dass Sie in Ihrer Situation vollkommen sicher sind und folglich können Sie beginnen, Ihre negativen Emotionen zu kontrollieren.

Gehen Sie am besten stets ganz offen mit Ihren negativen Gefühlen um. Suchen Sie nach Wegen, diese negativen Gefühle in etwas Hilfreiches und Wertvolles umzuwandeln, was Sie in Ihrer Trennungsphase unterstützen könnte. Negative Emotionen Ihren Ex-Partner betreffend werden nur dazu führen, dass Sie sich noch mehr an den Verlust klammern, anstatt diese Person endlich loszulassen. Einen geliebten Menschen loszulassen bedeutet, sich nicht mehr schlecht zu fühlen, wenn man an ihn denkt. Seien Sie also rücksichtsvoll mit sich selbst.

Denken Sie nicht über die Eifersucht an sich nach

Sobald Sie sich auf die negativen Emotionen konzentrieren, bringen Sie sich bloß in eine sehr verletzliche Lage. Unter Umständen können Sie den Ärger und die Enttäuschung darüber, dass Ihr Ex-Partner sich mit jemand Neuem trifft, damit verwechseln, dass Sie noch immer in ihn verliebt sind. Eifersüchtig zu sein bedeutet aber noch lange nicht, dass Sie jemanden lieben und ihn zurückbekommen möchten. Es kann sich sogar eine Besessenheit einstellen, was dazu führt, dass Sie alles über die neue Flamme erfahren wollen – wer sie ist, was sie tut und im schlimmsten Fall, wie Sie sie beseitigen können. Zu solchen Gedanken darf es niemals kommen, denn es steht Ihnen in keinster Weise zu, die Beziehungen anderer Menschen zu beeinflussen. Die Gedanken an diese Person werden Ihnen auch generell nicht dabei helfen zu erkennen, wer Sie selbst sind und was Sie selbst wollen. Der ständige Gedanke an sie wird Ihnen nur immer mehr Angst, Schmerz und Selbstzweifel bescheren und Sie davon abhalten, Ihren Ex-Partner loszulassen und sich selbst weiterzuentwickeln. Das dauerhafte Grübeln über das, was hätte sein können und das, was gerade passiert, verleiht Ihnen nur umso mehr das Gefühl, in der Vergangenheit festzusitzen, anstatt mit

Optimismus voranzuschreiten. Es ist besser, geliebt zu haben und gescheitert zu sein, anstatt niemals geliebt zu haben.

Bei der Eifersucht geht es im Grunde darum, etwas Bestimmtes zu wollen, von dem man glaubt, es nicht zu haben. Sie können durchaus eine Lektion hieraus ziehen, indem Ihnen klar wird, dass in Ihnen selbst etwas fehlt, was Sie nicht haben. Dies wird Ihnen helfen, sich in Zukunft auf persönliches Wachstum zu konzentrieren. Kein anderer Mensch kann eine innere Unzufriedenheit ausfüllen – nur Sie selbst!

Seien Sie achtsamer

Schauen Sie sich einmal in Ihrem Freundeskreis, Ihrem Bekanntenkreis, in Ihrer Familie und in Ihrem Job um. Nehmen Sie sich vor, all die Menschen, die Sie umgeben, mehr zu würdigen und wertzuschätzen. Konzentrieren Sie sich lieber auf die Menschen, die Ihnen Freude bereiten und die Ihnen Glück und Geborgenheit schenken. Seien Sie dankbar für die Menschen, die Sie um sich herum haben und freuen Sie sich darüber, wenn einer dieser Menschen Ihnen ein Kompliment macht. Tun Sie mehr von den Dingen, die Sie glücklich machen und die diese Leere in Ihnen füllen, anstatt sich über Dinge zu ärgern, die Sie ohnehin nicht beeinflussen können.

Suchen Sie sich Unterstützung

Sie könnten Glück haben, indem Sie Ihrem Ex-Partner mit seiner neuen Liebe niemals begegnen. Unter Umständen wird dies aber nur schwer zu vermeiden sein. Wenn Sie in Situationen gelangen, in denen Sie den beiden höchstwahrscheinlich über den Weg laufen, so richten Sie es am besten ein, dass Sie in diesem Moment nicht alleine sind. Nehmen Sie sich einen Freund oder auch ein Familienmitglied an Ihre Seite. Dadurch werden Sie sich viel sicherer fühlen und sich davon ablenken, ständig über Ihren Ex-Partner und seinem neuen Partner nachzudenken. Nehmen Sie es im Übrigen auch ernst, was Ihre Freunde und Familienmitglieder über Ihre vergangene Beziehung bzw. Ihre Eifersucht sagen. Außenstehende haben meistens einen objektiveren Blick über die Angelegenheit als Involvierte selbst. Sie können durchaus in der Lage sein, solide Ratschläge zur Bewältigung Ihres Problems zu geben. Gehen Sie allerdings nicht davon aus, dass Ihre Freunde Ihnen nur bestimmte Dinge erzählen, damit Sie sich besser fühlen. Auch wenn die Wahrheit manchmal wehtut, so wird sie Sie viel weiter voranbringen.

Seien Sie bereit

Gesellschaft zu finden ist natürlich nicht immer selbstverständlich. Manchmal müssen Sie vielleicht einfach ganz alleine eine unangenehme Situation überstehen. Versuchen Sie in solchen Momenten freundlich und zurückhaltend zu sein. Sie brauchen keine falsche Freude zu heucheln und so tun, als würden Sie die Begleitung Ihres Ex-Partners mögen. So etwas wirkt letztendlich unaufrichtig und auf eine gewisse Art und Weise auch unsicher. Dennoch ist Höflichkeit in fast allen Situationen des Lebens angebracht. Durch höfliches und respektvolles Verhalten machen Sie stets eine gute Figur. Sie erweisen sich so als ein erwachsener und reifer Mensch, der nicht auf Konfrontation aus ist.

Sie können sich auch vorab schon Ausreden einfallen lassen, die Ihnen bei einem schnellen Ausstieg dienlich sein können wie: „Hey, schön dich zu sehen, Thomas/Marie/etc. Ich kann leider nicht mit dir plaudern, da ich noch einen Arzttermin habe und ich eh schon spät dran bin. Wir sehen uns!“. Sie brauchen hierfür letztendlich auch keine Erklärung abgeben. Versuchen Sie aber, Ihrem Ex-Partner nicht anmerken zu lassen, wenn Sie sich nervös oder unbehagen fühlen.

Attraktivität ausstrahlen

Hierbei geht es nicht darum, Ihrem Ex-Partner zu beweisen, dass Sie besser sind als der neue Partner. Attraktivität auszustrahlen bedeutet, sich selbstbewusst zu fühlen. Sie verdienen es, zu glänzen und der ganzen Welt zu zeigen, was für ein guter Fang Sie sind. Kaum ein anderes Mittel wirkt so gut, um Eifersucht und Wut zu überwinden, wie ein hohes Selbstwertgefühl.

Beschäftigungen suchen

Suchen Sie nach einer Beschäftigung, die Ihnen so viel Spaß macht und die so viel Zeit in Anspruch nimmt, dass Ihnen kaum ein Augenblick bleibt, um über Ihren Ex-Partner und andere negative Dinge nachzudenken. Lassen Sie in dieser Zeit Ihre kreative Seite aufblühen oder verbessern Sie sich auf beruflichem Wege. Das persönliche Wachstum kann in solch einer Phase enorm profitieren. Und vor allem beweisen Sie sich selbst, dass Sie vieles erreichen können, wenn Sie Ihren Fokus richtig legen.

Raus aus der emotionalen Abhängigkeit

Wenn Sie Ihren Ex-Partner wirklich loslassen möchten, dann sollte Ihnen eine Sache klar sein: Sie müssen ein unabhängiger Mensch sein!

Wenn Sie sich in einer Liebesbeziehung befinden, dann ist es natürlich kaum zu vermeiden, auf eine gewisse Art und Weise abhängig von Ihrem Partner zu sein. Es müssen viele Kompromisse eingegangen werden und Sie können nicht ein völlig freier Mensch sein, der nur seine eigenen Interessen verfolgt und seine eigenen Träume zu verwirklichen versucht. Dennoch sollten Sie sich zu Ihrem eigenen Wohl und um Ihre eigene Identität nicht zu verlieren, nicht zu stark von Ihrem Partner abhängig machen, denn ansonsten könnte es passieren, dass Sie nach einer Trennung völlig den Boden unter Ihren Füßen verlieren

Während eine emotionale Abhängigkeit eine bestehende Beziehung bereits unerträglich machen kann, so kann sie eine anschließende Trennung noch viel schlimmer machen. Sie fühlen sich nach der Trennung extrem ängstlich und unruhig und Sie haben durchweg negative Gedanken, die Ihren Alltag wie einen Alptraum wirken lassen. An den folgenden Merkmalen können Sie erkennen, ob Sie selbst an einer emotionalen Abhängigkeit leiden:

- Sie tun sich sehr schwer damit „Nein“ zu sagen und Ihren Mitmenschen auch einfach mal Ihre Grenzen aufzuzeigen.
- Sie fühlen sich minderwertig, wenn Sie von Ihren Mitmenschen keine Aufmerksamkeit und keine Anerkennung geschenkt bekommen.
- Sie sind nicht in der Lage, an etwas anderes zu denken als an Ihren Partner oder Ihren Ex-Partner.
- Sie werden geplagt von extremer Eifersucht und Sie sind insgesamt ein äußerst besitzergreifender Mensch.
- Sie fürchten sich sehr davor, alleine zu sein und Sie wissen nicht, was Sie alleine mit sich selbst anfangen sollen.
- Sie vernachlässigen Ihre eigenen Bedürfnisse und versuchen stattdessen immer nur den Wünschen Ihrer Mitmenschen gerecht zu werden.

Emotionale Abhängigkeit kann aus verschiedenen Ursachen entstehen. Ein schwaches Selbstwertgefühl, die Angst vor dem Alleinsein oder starke Verlustängste sind einige dieser Ursachen. Im Folgenden gehen wir einmal näher darauf ein:

Schwaches Selbstwertgefühl

Kommt es Ihnen bekannt vor, wenn ich sage, dass wir Menschen unsere Schwächen oftmals deutlich stärker wahrnehmen als unsere Stärken? Bei vielen Menschen ist das tatsächlich so. Nicht immer muss es an einem schwachen Selbstwertgefühl liegen. Manche Menschen sind auch einfach generell etwas pessimistischer eingestellt und haben trotzdem ein hohes Selbstwertgefühl. Bei vielen Menschen liegt die Ursache aber auch in der Kindheit. Eine angespannte Beziehung zu den Eltern aufgrund der fehlenden Wertschätzung, die diese ihren Kindern entgegenbrachten. Wurde das Kind ständig kritisiert, niedergemacht oder sogar beleidigt oder geschlagen, so wirkt sich das langfristig natürlich negativ auf das Selbstwertgefühl des Kindes aus. Sich von diesen Fesseln zu befreien und zu sagen „Ich kann nichts dafür", kann einem erwachsenen Menschen dabei helfen, sein Selbstwertgefühl zu stärken.

Angst vor dem Alleinsein

Auch dieses Problem hat oftmals seine Ursache in der Kindheit. Die Eltern waren beide berufstätig und täglich stundenlang bei der Arbeit, während sich das Kind zu Hause allein gelassen fühlte. Momente des Alltags, in denen ein Elternteil mit dem Kind unterwegs war, beispielsweise in einem

Einkaufszentrum, und das Kind seine Bezugsperson plötzlich aus den Augen verloren hat, können eine Art Trauma hinterlassen, welches dazu führt, dass das Kind sich fortan vor dem Alleinsein fürchtet. Auch der Tod eines geliebten Menschen, egal ob es während der Kindheit oder bereits im Erwachsenenalter geschah, können einen Menschen in eine tieftraurige Phase stoßen, in der beim Alleinsein Angstzustände entwickelt oder in eine Depression verfällt.

Starke Verlustängste

Wie bereits angesprochen, kann der Tod eines geliebten Menschen, zum Beispiel eines Elternteils, eines Freundes oder eines nahen Verwandten, tiefsitzende Verlustängste verursachen. Auch die Scheidung der Eltern, wodurch ein Elternteil möglicherweise für immer verschwand, kann die Ursache für die Angst vor Verlusten sein. Auch eine in die Brüche gegangene Liebesbeziehung, bei welcher der eine Partner in einer schwierigen Lebenslage im Stich gelassen wurde, kann in der Folge schwere Verlustängste auslösen.

Emotionale Abhängigkeit kann pures Gift für Ihr eigenes Selbstbewusstsein und auch für Ihre Beziehungsfähigkeiten sein. Es führt in vielen Fällen nämlich dazu, dass Sie sich Ihrem Partner völlig hingeben und alles für ihn aufgeben, nur um ihn glücklich zu machen. Der Partner spürt es aber meistens auch, dass es Ihnen gar nicht um sein Wohl geht, sondern dass es Wirklichkeit nur darum geht, die Bestätigung zu finden, die Sie sich selbst nicht geben können. Wie bereits angesprochen ist in solchen Fällen ein Mangel an Selbstwertgefühl der Auslöser für solch ein Verhalten. Ihrem Partner fällt es dadurch schwer, solch ein vermeintlich gutmütiges Verhalten Ihrerseits wirklich wertzuschätzen.

Sie werden niemals vollkommen glücklich, wenn Sie sich von Ihrem Partner emotional abhängig machen, denn kein anderer Mensch kann Ihnen jemals die Zufriedenheit geben, die Sie nicht selbst in sich geschaffen haben. Im Folgenden finden Sie eine Anleitung, die Ihnen helfen kann, sich von einer emotionalen Abhängigkeit zu lösen bzw. sie in Zukunft völlig zu vermeiden:

Sie haben die Macht

Wenn Sie unter emotionaler Abhängigkeit leiden, dann kreisen Ihre Gedanken rund um die Uhr um die andere Person. Egal, was diese Person auch tut oder sagt, Sie steigern sich in jede Aktion und in jede Äußerung hinein. Durch dieses Verhalten übertragen Sie der anderen Person die Macht über Ihr eigenes Leben. Werden Sie sich über Ihre Gedanken und Gefühle der anderen Person gegenüber bewusst und holen Sie sich die Macht über Ihr Leben zurück! Was genau denken und fühlen Sie, wenn die andere Person in Ihren Gedanken herumschwirrt? Sie müssen zunächst einmal selbst zu der Erkenntnis gelangen, dass Sie von ihr abhängig sind.

Die Ursache

Wir haben vorab bereits einige mögliche Ursachen thematisiert. Es ist nun Ihre Aufgabe, herauszufinden, was genau der Hintergrund für Ihre emotionale Abhängigkeit ist. Hierbei sollten Ihnen bewusst sein, dass Sie möglicherweise gar nicht selbst die Schuld für Ihr Verhalten tragen. Sie handeln vielleicht gar nicht aufgrund einer eigenen Schwäche, sondern aufgrund von negativen Erlebnissen aus Ihrer Vergangenheit, weshalb Sie in Zukunft – verständlicherweise – jeglichem Schmerz aus dem Weg gehen wollen. Stellen Sie sich einmal folgende Fragen:

- Welche sind die konkreten Situationen, in denen ich mich schlecht fühle?
- Was genau passiert unmittelbar bevor ein negatives Gefühl in mir entsteht?
- Wie genau versuche ich, solche negativen Gefühle abzuschütteln?

Akzeptanz der Gefühle

Jeder Mensch sehnt sich nach einem glücklichen Leben voller positiver Gefühle. Diese Vorstellung ist jedoch reine Utopie. Selbst glückliche Menschen haben hin und wieder mit negativen Gedanken sowie negativen Gefühlen zu kämpfen. Es ist von Ihrer Seite her wichtig, diese negativen Gefühle zu akzeptieren und sie anzunehmen. Versuchen Sie nicht, gegen diese Gefühle anzukämpfen, denn dadurch entsteht nur noch mehr Leid und der Schmerz im Allgemeinen wird noch viel größer.

Das Alleinsein

Viele Menschen fürchten sich vor dem Alleinsein bzw. Sie versuchen es dringlichst zu vermeiden, weil sie in der Vergangenheit negative Erfahrung hiermit gemacht haben oder weil sie von der Gesellschaft vorgegaukelt bekommen, dass Alleinsein etwas Schlimmes sei. Dass ein Mensch, der alleine ist, sich mit Sicherheit einsam fühlt und leidet. Das ist aber nicht immer wahr. Viele Menschen genießen es sogar, alleine zu sein. Im Übrigen ist es vorteilhaft für Sie, wenn Sie sich darauf einstellen, irgendwann in der Zukunft auch mal alleine zu sein. Es ist unvermeidlich, solchen Situationen aus dem Weg zu gehen. Versuchen Sie also, sich immer mal wieder etwas Zeit für sich selbst zu nehmen und gehen Sie tief in sich und versuchen Sie zu spüren, dass alles was Sie in diesem einen Moment benötigen, nur Sie selbst sind. Unternehmen Sie ruhig auch mal in der Öffentlichkeit etwas ganz alleine. Wenn Sie irgendwann einmal in der Lage sind, alleine ins Restaurant oder alleine ins Kino zu gehen, dann ist Ihnen bewusst geworden, dass die einzige Person, die Sie in Ihrem Leben brauchen, Sie selbst sind!

Vorteil Selbstständigkeit

Nichts ist so wichtig, um sich von emotionaler Abhängigkeit zu lösen, wie die Selbstständigkeit. Das ist natürlich nicht im beruflichen Sinne gemeint. Es geht lediglich darum, dass Sie Ihr Leben selbst in die Hand nehmen und eigenmächtig und konsequent Ihre Entscheidungen treffen. Je selbstständiger Sie sind, umso mehr steigt auch Ihr Selbstvertrauen. Ein Gefühl der Stärke und der Unabhängigkeit machen sich breit, wenn Ihnen klar wird, dass Sie Ihr Leben im Griff haben. Selbstständig zu handeln wirkt übrigens auch attraktiv auf die Mitmenschen und insofern hilft es Ihnen sogar beim Freundefinden und bei der Partnersuche. Folgende Tipps können Sie anwenden, um selbstständiger zu werden:

- **Ziele setzen.** Es ist erst einmal egal, ob Sie sich berufliche oder private Ziele setzen. Der Punkt ist, dass Sie sich durch ein Ziel automatisch mehr auf sich selbst konzentrieren, weil Sie einen Fokus entwickeln, den Sie nicht aus den Augen verlieren wollen.

- **Hobbys finden.** Es gibt etliche Hobbys, die Sie sich suchen könnten. Probieren Sie entweder etwas völlig Neues aus, was Sie brennend interessiert oder was vielleicht auch gerade groß im Trend liegt oder suchen Sie sich ein Hobby, an dem Sie schon früher interessiert waren, aber es leider nie Angriff nehmen konnten, beispielsweise aus dem Grund, weil Sie in einer Beziehung festsaßen.
- **Alleine Spaß haben.** Wir kommen wieder zurück auf das Alleinsein. Tun Sie hin und wieder einige Dinge ganz alleine. Und zwar solche Dinge, an denen Sie Spaß haben. Denn dadurch lernen Sie, dass Sie auch ohne Gesellschaft, sondern nur mit sich selbst viel Freude haben können.

Erfolge vergegenwärtigen

Indem Sie ein Erfolgstagbuch führen, können Sie jeden Tag Ihre kleinen und großen Erfolge schriftlich auf Papier festhalten. Das hat den Vorteil, dass Sie sich zukünftig, beispielsweise in Phasen der Niedergeschlagenheit oder der Trägheit, immer wieder selbst aufbauen können, indem Sie sich dieses Buch zur Hand nehmen und auf die vielen Erfolge zurückblicken, die Sie bereits errungen haben. Dies müssen nicht immer großartige Erfolge sein. Es können auch alltägliche und eher unbedeutende Dinge sein, aus denen Sie aber dennoch viel Kraft ziehen können. Wenn Sie zum Beispiel als schüchterner Mensch ein nettes und offenes Gespräch mit einer fremden Person geführt haben, dann ist das durchaus ein Erfolg, den Sie auch als einen solchen anerkennen sollten.

Kontrollzwang ablegen

Konzentrieren Sie sich in Ihrem Leben ausschließlich auf sich selbst. Versuchen Sie nicht, Ihre Mitmenschen zu kontrollieren oder zu ändern. Es liegt nicht in Ihrer Macht, wie andere Menschen mit Ihnen reden sollen, wie sie Sie begrüßen sollen und wie sie sich insgesamt Ihnen gegenüber verhalten sollen. Machen Sie sich nicht die Mühe, die Leute auf diese Art und Weise zu kontrollieren. Falls Sie merken, dass Sie gerade genau dieses Kontrollverhalten zeigen, dann versuchen Sie, Ihre Aufmerksamkeit auf etwas ganz anderes zu lenken.

Selbstliebe

Möglicherweise kennen Sie auch folgendes Sprichwort:

„Um von einem anderen Menschen geliebt zu werden, muss man sich zunächst einmal selbst lieben."

Haben Sie sich nach der Trennung auch direkt vor einen Spiegel gestellt und nach jedem Makel gesucht? Dachten Sie vielleicht auch, Sie seien der Liebe Ihres Ex-Partners oder irgendeines anderen Menschen nicht würdig? Bevor Sie sich in eine neue Beziehung stürzen, ist es in dieser Hinsicht entscheidend, zunächst einmal ein gesundes Selbstwertgefühl zu entwickeln. Treten Sie lieber einen Schritt zurück, um erst einmal Liebe in sich selbst zu finden, bevor Sie versuchen, die Liebe eines anderen zu gewinnen. Einer der schnellsten und effektivsten Wege, um ein gesünderes Selbstwertgefühl zu erlangen sind regelmäßige positive Affirmationen. Die folgenden Aussagen sind Beispiele, die Sie verwenden können, aber sicherlich können Sie sie auch an Ihre eigenen Bedürfnisse anpassen:

- Ich bin ein selbstbewusster Mensch.
- Ich bin es wert, aufrichtig geliebt zu werden.
- Ich habe sehr schöne Augen.

- Ich bin sehr gut in meinem Job.
- Ich habe eine schöne und gesunde Figur.
- Ich habe einen sehr guten Sinn für Stil.
- Ich habe sehr schönes gelocktes Haar.

Treten Sie zurück vor den Spiegel und versuchen Sie fünf Dinge zu identifizieren, die Sie an sich selbst mögen. Das können durchaus einige der oben genannten Beispiel sein. Vielleicht auch in etwas abgeänderter Form. Es spielt keine Rolle, was genau es ist und wie wichtig es ist. Wenn Sie das Schöne in sich selbst nicht erkennen und sich selbst niedermachen, dann werden Sie irgendwann feststellen, dass andere das gleiche mit Ihnen tun werden. Erkennen Sie Ihren Wert! Nachdem Sie nun fünf Dinge gesucht haben, schauen Sie sich im Spiegel direkt in die Augen und sagen Sie diese fünf Dinge so auf, als ob Sie es wirklich ernst meinen. Tun Sie dies am besten jeden Tag, damit Sie eine gewisse Routine dafür entwickeln und sich die Affirmationen somit wirklich in Ihrem Unterbewusstsein einprägen. Der wohl beste Zeitpunkt für das Anwenden von Affirmationen ist morgens nach dem Aufstehen. Dadurch starten Sie gleich mit einem positiven Gefühl in den Tag, ohne an die stressige Arbeit oder Streitigkeiten mit Mitmenschen zu denken. Ein weiterer guter Zeitpunkt ist kurz vor dem Zubettgehen, weil Sie dadurch mit einem guten und zufriedenen Gefühl einschlafen. Unzufriedene Menschen schlafen generell schlechter, da Sie zu viel grübeln und besonders vor dem Einschlafen lange wach liegen und über alles Schlechte in Ihrem Leben nachdenken. Wahre Liebe beginnt immer mit uns selbst!

Folgende Tipps, und natürlich die oben bereits erwähnten Affirmationen, sollen Ihnen dabei helfen, sich selbst zu lieben und Ihren eigenen Wert zu erkennen:

Gesunder Schlaf

Während einer Trennungsphase kommt es oftmals vor, dass Menschen unter Schlafentzug oder schlechtem Schlaf leiden. Das liegt vor allem an der vielen Grübelei. Im Bett liegend sind wir keinen äußeren Reizen ausgesetzt, die uns vom Nachdenken abhalten. Haben wir es tagsüber vielleicht geschafft, wenig an den Ex-Partner zu denken, so kommen die vielen Gedanken ganz wie von selbst, sobald wir uns abends ins Bett legen. Selbst wenn wir müde zu Bett gehen, so verursacht die Grübelei eine Anspannung, die uns nicht mehr einschlafen lässt. Versuchen Sie das Bett oder sogar das ganze Schlafzimmer als grübelfreie Zone zu sehen. Sobald Sie abends das Schlafzimmer betreten, werden die Gedanken an die Trennung abgestellt. Es geht dabei nicht darum, die Gefühle grundsätzlich zu unterdrücken. Aber wenn das viele Grübeln zu einem schlechten Schlaf führt, dann wirkt sich dies auf Dauer extrem negativ auf Ihr Wohlbefinden aus, wodurch der ganze Trennungsprozess nur in die Länge gezogen wird. Des Weiteren sollten Sie darauf achten, dass Sie Ihr Bett einzig und allein zum Schlafen gebrauchen. Andere Tätigkeiten, wie das Surfen im Internet, Serien schauen, schulische oder berufliche Arbeiten sollten außerhalb des Betts stattfinden. Wenn Sie beispielsweise im Bett liegen und Ihre Steuererklärung machen, dann werden Sie abends beim Einschlafen höchstwahrscheinlich auch an diese Steuererklärung denken, weil Sie die Tätigkeit mit dem entsprechenden Ort verbinden. Das Bett sollte ein Wohlfühlort sein. Und ein ausreichender und gesunder Schlaf ist unerlässlich für psychische Gesundheit.

Viel Bewegung

Ganz egal, ob Sie sportlich begabt sind oder nicht. Gewisse Sportarten lassen sich von jedem Menschen einfach anwenden. Während der Trennungsphase ist es wichtig, sich körperlich auch hin und wieder einmal zu verausgaben. Durch die trübselige und antriebslose Stimmung haben wir viel überschüssige Energie, die freigesetzt werden muss. Sport ist ideal in jeder Lebenslage, um sich wieder frisch zu fühlen und den Kopf frei zu bekommen. Das Joggen an der frischen Luft ist in diesem Fall optimal. Aber auch Trainingskurse im Fitnessstudio wie ein Spinningkurs, oder auch einfaches Gerätetraining können Wunder bewirken. Squash ist eine wunderbare Sportart, um sich so richtig zu verausgaben. Jedoch sollte dabei immer darauf geachtet werden, sich nicht zu viel zuzumuten. Ein Mensch, der bisher eher bewegungsfaul war, sollte nicht gleich ins Fitnessstudio rennen und an seine Leistungsgrenze gehen.

Einkaufen gehen

Ein typisches Mittel, um Frust zu bewältigen, aber tatsächlich auch sehr effektiv! Eine Shoppingtour mit einem Freund oder eine Freundin kann helfen, sich wieder etwas lebendiger zu fühlen. Indem Sie neue Kleidung kaufen spüren Sie gewissermaßen auch den Sinn in allem Neuen. Sie möchten einen neuen Lebensabschnitt beginnen, also kleiden Sie sich doch einfach neu ein. Es wird in der Regel oft als „Frust-Shopping“ verschrien, aber der Sinn dahinter ist eigentlich sehr einleuchtend. Kleidung führt außerdem dazu, sich gut zu fühlen und im besten Fall auch Komplimente von Mitmenschen einzuheimsen. Und Komplimenten von Freunden oder Arbeitskollegen zu bekommen kann in einer Trauerphase wie Balsam für die Seele sein.

Wellness für die Seele

Neben Sport gibt es auch noch weitere Aktivitäten, die Körper und Geist beleben können. Eine Massage kann unglaublich wohltuend und entspannend wirken. Während einer Trennungsphase leiden viele Menschen ohnehin an Muskelverspannungen. Der Saunagang ist ebenso wirksam, weil hierbei viele Giftstoffe aus dem Körper ausgeschwitzt werden. Die warme Temperatur in der Sauna kann ebenfalls Verspannungen lösen. Insgesamt wirkt ein Saunagang sehr erfrischend und belebend. Wir fühlen uns dadurch oft ein Stück weit „wie neu geboren". Und genau das ist es ja im Grunde, was wir anstreben. Wir wollen in unserem Körper und unserer Seele wieder neues Leben entfachen.

Auszeiten nehmen

Andere Umgebungen und neue Orte können den Schmerz an den Ex-Partner zumindest für eine gewisse Zeit vergessen machen. Das Verreisen lässt die Menschen erkennen, dass die Welt sehr viel größer ist und sehr viel mehr zu bieten hat, als wir es aus dem Alltag gewohnt sind. Wenn Sie sehr an Ihrem Ex-Partner hängen und daran glauben, dass Ihnen das Beste aus Ihrem Leben genommen wurde, dann fahren Sie einfach mal weit weg in eine andere Stadt oder an einen schönen, ruhigen

Ort, an dem Sie von der Schönheit der Natur umgeben sind. Je nachdem, ob Sie lieber in Gesellschaft sind oder auch gerne für sich alleine bleiben können, können Sie entweder einen Freund mit auf die Reise nehmen oder eben ganz alleine starten. Eine neue Umgebung schärft Ihren Blick für das Neue und Unbekannte im Leben, was viele Abenteuer für Sie bereithält.

Freundschaften pflegen

Wenn Sie zu jenen Menschen gehören, die dazu neigen, während einer Partnerschaft den Freundeskreis zu vernachlässigen, dann ist jetzt der richtige Zeitpunkt, um diese Freundschaften wieder aufleben zu lassen. Egal, in welcher Phase Sie sich befinden, sobald Sie sich dazu bereit fühlen, hinauszugehen und die Gesellschaft anderer Leute zu genießen, dann tun Sie dies. Freunde sind unter anderem dazu da, um in Krisenzeiten einander aufzufangen und aufpäppeln. Freundschaften gehen in der Regel nicht so oft kaputt wie Beziehungen. Sie werden oftmals nur etwas vernachlässigt. Aber ein Treffen mit einem alten Freund kann schöne Erinnerungen aufleben lassen, an denen beide Seiten sich erfreuen können.

Offenheit für alles Neue

Sicherlich fällt Ihnen die Vorstellung, wieder neu verliebt zu sein und sich um einen anderen Menschen zu kümmern, derzeit eher schwer. Es ist ein durchaus menschliches Gefühl, wenn man seine Tür für immer verschließen will und man sich keinen besseren Partner als den Ex-Partner vorstellen kann. Denken Sie aber daran, dass es fast 8 Milliarden Menschen auf der Erde gibt. Es gibt nicht den einen richtigen Partner für Sie. Das Schicksal hat nicht eine bestimmte Person für Sie auserkoren. Jeder Mensch ist immer wieder in der Lage, sich neu zu verlieben. Bei einigen Menschen geht es schnell, bei anderen wiederum dauert es seine Zeit. Ihr Ex-Partner war vermutlich auch eine Person, die Sie vorher eine lange Zeit unbeachtet ließen. Vielleicht auch deswegen, weil Sie ihn nicht kannten. Und genauso gibt es auch jetzt genug Menschen, die möglicherweise sehr gut zu Ihnen passen und in die Sie sich verlieben können. Oftmals findet man seine neue Liebe genau dann, wenn man es gar nicht erwartet und auch nicht wirklich darauf vorbereitet war. Sie sollten die einzelnen Phasen der Trennung respektieren und sich genug Zeit geben, um Ihren Ex-Partner wirklich loszulassen. Aber verschließen Sie niemals die Augen vor etwas Neuem. Zu jeder Zeit kann ein neuer Mensch in Ihr Leben treten, mit dem Sie in

Zukunft zusammen glücklich werden könnten. Werden Sie sich über Ihre eigenen Gefühle bewusst und wenn Sie einen neuen Menschen kennenlernen, dann seien Sie offen und sprechen Sie mit ihm über Ihre derzeitige Situation. Ein Mensch, der es wert ist, wird immer Verständnis für Ihre Situation zeigen und ggf. „warten". Er wird es respektieren, dass Sie momentan eine Trennung durchleben und dass Sie erst wieder zu sich selbst finden müssen. Aber mit solch einem Menschen in Kontakt zu bleiben, könnte sich langfristig für Sie auszahlen. Es ist in diesem Fall deutlich besser, ehrlich zu dieser Person zu sein, als ihm direkt vor den Kopf zu stoßen.

Wenn Sie derzeit noch eine gewisse Scheu vor einer neuen Beziehung haben, dann ist das völlig in Ordnung. Irgendwann werden Sie an einen Punkt gelangen, an dem Sie definitiv wieder bereit für eine neue Liebe sind. Nachfolgend finden Sie ein paar Fragen, die Sie wahrheitsgemäß beantworten sollten, um herauszufinden, ob Sie bereit für eine neue Beziehung sind oder nicht:

- Wenn Sie sich mit einem Freund oder Arbeitskollegen unterhalten und Ihr Ex-Partner zum Thema wird, sind Sie in der Lage zu reagieren ohne wütend zu werden oder ohne zu weinen?

- Wenn Ihr Ex-Partner Sie kontaktiert und Sie darum bittet, einen Neuanfang zu versuchen, werden Sie dann ohne Bedenken Nein sagen?
- Sind Sie in der Lage ein Treffen mit einem Freund durchzustehen, ohne Ihren Ex-Partner auch nur einmal zu thematisieren?
- Überlegen Sie manchmal selbst, ob Sie Ihre Trennung durchstehen wollen oder ob Sie es doch noch einmal mit Ihrem Ex-Partner versuchen möchten? Alleine schon der Gedanke daran zeigt, dass Sie noch nicht wirklich bereit für etwas Neues sind.

Wenn die Gedanken an Ihren Ex-Partner immer noch Tränen verursachen oder immer zu einem fiesen Streit mit dieser Person führen, dann ist dies ebenfalls ein sicheres Zeichen, dass Sie sich noch nicht in eine neue Beziehung stürzen sollten. Zeit damit zu verbringen, Ihre Wunden zu heilen, ist sicherlich besser, als im Moment nach einer neuen Liebe Ausschau zu halten.

- Können Sie Ihre vergangene Beziehung neutral betrachten, ohne zu weinen?
- Können Sie sich auf die Lektionen konzentrieren, die Sie gelernt haben, ohne sich auf den Schmerz zu konzentrieren?

Wenn Sie in der Lage sind, sich auf das zu konzentrieren, was Sie aus der vergangenen Beziehung gelernt haben, anstatt sich darauf zu konzentrieren, wie sehr Sie verletzt wurden und wie unglücklich Sie wurden, dann ist dies ein gutes Zeichen dafür, dass Sie bereit für einen neuen Partner sind. Den alten Ballast haben Sie abgeworfen und Sie sind ein neuer Mensch, bereit für eine neue Liebe.

Ich hoffe, dass Sie alle Fragen wahrheitsgetreu beantwortet haben. Es ist absolut in Ordnung, wenn Sie noch nicht bereit sind. Jeder Mensch ist anders. Jeder Mensch muss es für sich selbst herausfinden. Wenn Sie den Fragen zufolge also noch nicht bereit sind, dann verbringen Sie ruhig noch ein wenig mehr Zeit mit sich selbst. Heilung braucht Zeit, und vielleicht brauchen Sie noch etwas mehr. Es ist von entscheidender Bedeutung, dass Sie sich die Zeit nehmen, die Sie brauchen, um sich von den Schmerzen Ihrer erloschenen Beziehung zu erholen. Wenn Sie sich zu früh wieder neu auf einen anderen Menschen einlassen, können Sie als Individuum nicht vollständig aufblühen und wachsen. Sie sind wahrscheinlich nach dem Ende Ihrer Beziehung noch etwas unsicher. Und es besteht die Möglichkeit, dass Sie diese Unsicherheiten auch in Ihre neue Beziehung mit hineinbringen werden. Überstürzen Sie nichts, sondern werden Sie sich Ihrer Gefühle bewusst.

Aber verschließen Sie niemals die Tür für etwas Neues. Wenn Sie bereit sind, dann werden Sie es spüren, solange Sie nur ehrlich zu sich selbst sind.

Offenheit für alles Neue

Ihre nächste Beziehung visualisieren

Wenn Sie schlussendlich wieder offen für die Liebe sind, wollen Sie selbstverständlich auch sichergehen, dass Sie nicht völlig überstürzt eine Beziehung mit dem erstbesten Menschen eingehen, der Ihnen über den Weg läuft. Wenn Sie sich in einer Bar auf eine attraktive Person stürzen wollen, weil Ihre Augen sich treffen, Ihr Herz wie wild schlägt und Sie einfach ein wenig Spaß haben möchten, dann tun Sie dies! Dagegen ist absolut nichts einzuwenden. Wenn Sie jedoch an einer ernsthaften Beziehung interessiert sind, dann versuchen Sie möglichst sicherzustellen, dass Sie den „Richtigen" auswählen. Wie können Sie also sicherstellen, dass Sie nicht wieder in einer Beziehung landen, in der Sie enttäuscht werden, oder in einer Beziehung, in der Sie nicht glücklich werden und die früher oder später doch zusammenbricht? Der Schlüssel dazu ist, dass Sie sich vorab genau vorstellen und sich darüber bewusst werden, was Sie wollen! Das heißt noch lange nicht, dass Sie bei der Wahl Ihres nächsten Partners extrem wählerisch sein müssen. Stellen Sie sich nicht vor, sich nur auf einen gut aussehenden, reichen, lieben und „perfekten" Menschen einzulassen. Verlieren Sie sich nicht in einer Illusion. Dadurch werden Sie nur jeden Menschen vergraulen, der eines dieser Merkmale vermissen lässt. Setzen Sie sich keine zu hohen Standards, sodass sich niemand daran messen kann. Kein Mensch ist perfekt. Versuchen Sie sich Ihren zukünftigen Partner mit folgenden Methoden zu visualisieren:

Erstellen Sie ein Vision Board

Legen Sie sich ein Vision Board an. Wenn Sie zufällig in einer Zeitschrift auf ein Bild eines glücklichen Paares stoßen, so schneiden Sie dies aus und heften Sie es an das Vision Board. Hat dieses Paar einen gewissen Glanz an sich, der unbestreitbar Glück im wahrsten Sinne des Wortes bedeutet? Wenn Sie sich durch den Blick auf dieses Bild ganz warm fühlen, pinnen Sie es an die Tafel. Es könnte ein Bild einer glücklichen Familie, eines Paares beim Abendessen, eines Paares beim Spaziergang im Park oder eines köstlichen Essens sein. Richtig! Wenn Ihnen dieses Essen gut schmeckt und Sie davon träumen, dieses Essen mit Ihrem zukünftigen Partner zu verspeisen, dann verdient es das Bild, an Ihre Tafel gepinnt zu werden. Ihr Vision Board kann nahezu aus allem Möglichen bestehen, solange es nur positive Energie ausstrahlt, sobald Sie es sehen.

Inspirierende Dekoration

Sie können Ihren Raum mit Farben, Fotos oder Bildern dekorieren, von welchen Sie sich inspiriert fühlen. Sie können ebenso inspirierende Wallpaper-Apps auf Ihr Handy herunterladen. Wenn Sie immer wieder viele Dinge sehen, die für Sie von Bedeutung sind, so kann sich dies positiv auf Sie und Ihre Akzeptanz auswirken, dass es dort draußen tatsächlich Liebe gibt, die auf Sie wartet, welche Sie nur noch nicht kennengelernt haben.

Seien Sie konsequent

Ein Vision Board in seinem Zimmer anzubringen ist natürlich nutzlos, wenn man niemals Zeit damit verbringt, sie sich auch tatsächlich anzuschauen. Ihr Gehirn braucht eine Beständigkeit, um es wirklich für die Liebe oder etwas anderes zu programmieren. Werfen Sie jeden Tag vor der Fahrt zur Schule, zur Universität oder zur Arbeit ein paar Minuten lang einen Blick auf Ihr Vision Board, um sich Ihre Wünsche auch wirklich einzuprägen. Es wird Ihnen helfen, sich auf den langen Tag einzustimmen und es wird Sie insgesamt selbstbewusster machen und Sie darauf vorbereiten, offen für alles Neue im Leben zu sein.

Seien Sie geduldig

Versuchen Sie nicht zu voreilig zu werden und über Nacht einen neuen Partner zu finden. Es sollte immer auf natürlich Weise geschehen. Nicht jeder attraktive Mensch, dem Sie begegnen, sollte sofort als potenzieller Partner angesehen werden. Sich etwas vorzustellen bedeutet noch lange nicht, dass Ihr Traumpartner Ihnen gleich am nächsten Tag in den Schoß fällt. Liebe sowie Partnersuche benötigen Zeit. Seien Sie geduldig und warten Sie den Verlauf der Zeit ab. Erzwingen Sie nichts, sondern haben Sie einfach Vertrauen. Vertrauen in sich selbst, dass Sie ein wunderbarer Mensch sind, der früher oder später einen ebenso wundervollen Partner finden wird. Gelassenheit tut gut bei der Partnerwahl.

Haben Sie Vertrauen

Wie vorher schon erwähnt: Haben Sie Vertrauen! Glauben Sie daran, dass Ihre nächste Beziehung und Ihr nächster Partner kommen werden. Und wenn dies geschieht, sollten Sie bestmöglich vorbereitet sein. Es ist dabei wichtig, sich vorzustellen, was genau Sie fühlen möchten: überströmendes Glück, Seelenfrieden, extreme Liebe. Wie auch immer eine gesunde Beziehung für Sie aussehen mag. Nehmen Sie sich einfach die Zeit, zu erkennen, wie Sie sich fühlen und identifizieren

Sie die Kernwerte, die Ihnen in Ihrer nächsten Beziehung die Erfüllung bringen sollen.

Ihre nächste Beziehung visualisieren

Ein gesundes Selbstwertgefühl

Der Erfolg, den Sie im Leben, in der Liebe und im Beruf erreichen, hängt zu einem großen Maße davon ab, wie Sie sich selbst beurteilen. Der Umgang mit großen Herausforderungen und generell eine selbstbewusste Ausstrahlung benötigen eine starke Einstellung zu sich selbst. Mit einem gesunden Selbstwertgefühl fühlen Sie sich dazu bereit, Ihr eigenes Leben und auch Ihre Umwelt beeinflussen zu können. Ihr Selbstwertgefühl ist in der Regel davon abhängig, wie groß die Anerkennung oder die Bewunderung Ihrer Mitmenschen Ihnen gegenüber ist, denn wir Menschen lieben es grundsätzlich, Wertschätzung zu erhalten.

Ein schwaches Selbstwertgefühl hat oftmals die Ursache in der Kindheit. Der Umgang der Eltern mit den eigenen Kindern spielt hierbei eine sehr große Rolle. Wie Sie bereits vorher schon in diesem Buch gelernt haben, kann ein respektloser und ein seelisch oder körperlich gewalttätiger Umgang der Eltern mit ihrem Kind zu einem großen Hindernis in der Entwicklung des Kindes sein. Das Selbstwertgefühl des Kindes wird auf Dauer geschädigt und es brennt sich oftmals der Gedanke in seinen Kopf, dass irgendetwas mit ihm nicht stimmt. Die Entwicklung des Kindes geht dann oftmals dahin, dass es lebenslang weit unter seinen Möglichkeiten bleibt, weil es sich nur noch wenig zutraut. Es wird eine Komfortzone eingerichtet, aus der es am liebsten nie wieder entkommen möchte.

Menschen mit geringem Selbstwertgefühl leiden oftmals an großen Selbstzweifeln. Diese Zweifel manifestieren sich meist im Unterbewusstsein des Menschen aufgrund der vielen Kritik, die er in der Kindheit von den Eltern, oder auch von Lehrern oder Freunden, einstecken musste. An folgenden Punkten können Sie starke Selbstzweifel erkennen:

- Sie sind andauernd auf der Suche nach Beweisen für Ihre eigenen Schwächen.
- Sie fühlen sich nicht wohl dabei, Komplimente von Mitmenschen anzunehmen.
- Sie denken überwiegend an Ihre Schwächen anstatt an Ihre Stärken.
- Sie fühlen sich schlecht oder schuldig, wenn Freunde Sie nicht zurückrufen.
- Sie fühlen sich nicht wohl, wenn Sie im Mittelpunkt stehen.
- Sie haben Probleme damit, die schönen Momente im Leben zu genießen.

Auch an den folgenden Glaubenssätzen können Sie ein schwaches Selbstwertgefühl erkennen:

- Ich bin ein Opfer.
- Ich bin schon zu alt dafür.
- Kein Mensch mag mich.
- Ich bin nicht schön genug.
- Ich werde scheitern.
- So etwas Schönes habe ich nicht verdient.
- Wichtig ist nur, was andere über mich denken.

Viele Menschen versuchen, ihre Selbstsicherheit zu spielen, mehr oder weniger nach dem Motto „fake it till you make it“. Da dieses Verhalten in den meisten Fällen jedoch wenig authentisch rüberkommt, erkennen es die Mitmenschen und nehmen es als unsympathisch wahr. Vor allem durch die vielen sozialen Netzwerke, in denen eine schöne und perfekte Welt vorgegaukelt werden soll, versuchen viele Menschen ihr Selbstwertgefühl aufzupolieren. Allerdings weckt dies auch immer wieder Neid und Missgunst bei Freunden und Bekannten. Und letztendlich hat ein starkes Selbstwertgefühl sowieso nur wenig damit zu tun, was andere von einem halten. Es ist die innere Stärke, also eine innere Haltung, die stark genug ist, auch Neid und Ablehnung von Mitmenschen standzuhalten. Das Selbstwertgefühl zu stärken benötigt Zeit. Nicht alle Methoden funktionieren über Nacht, sondern es ist ein

Prozess, der sich manchmal auch über Monate oder gar Jahre hinzieht.

Keine Vergleiche

Hören Sie auf, sich ständig mit Mitmenschen zu vergleichen! Solche Vergleiche machen Sie auf Dauer nur unglücklich. Meistens vergleichen wir Menschen uns nämlich immer nur mit denen, denen es besser geht als uns selbst, die schöner aussehen, mehr Geld haben etc. Am Ende schlussfolgern Sie Sie bloß, dass Sie irgendetwas falsch machen oder dass Sie grundsätzlich weniger wert sind.

Mehr Erfolgserlebnisse

Setzen Sie sich immer wieder kleine Ziele, die Sie erreichen möchten. Um sich den Erfolgserlebnissen letztendlich auch wirklich bewusst zu werden, notieren Sie diese in einem Tagebuch. Kleine Erfolgserlebnisse hat nahezu jeder Mensch jeden Tag. Wir sind uns dessen jedoch gar nicht wirklich bewusst, weil wir das meiste als selbstverständlich hinnehmen.

Offen sein für Komplimente

Seien Sie offen für Komplimente! Wenn Ihnen jemand ein Kompliment macht, dann ist das in der

Regel auch ernst gemeint. Sie brauchen sich also keineswegs zu schämen. Freuen Sie sich darüber, wenn ein Mitmensch Ihnen etwas nettes sagt und seien Sie stolz darauf!

Hilfsbereitschaft

Auch die Hilfsbereitschaft anderen Menschen gegenüber kann das eigene Selbstwertgefühl stärken. Es gibt Ihnen ein positives Gefühl, weil Sie in der Lage sind, jemandem zu helfen. Außerdem werden auch Sie immer mal wieder in Situationen geraten, in denen Sie selbst Hilfe benötigen.

Positive Freunde

Vielleicht haben Sie es sich auch schon gedacht, aber es wurde Ihnen nie wirklich bewusst. Die Nähe zu positiv denkenden Menschen kann das eigene Wohlbefinden um Längen verbessern. Die Einstellung der Mitmenschen bzw. der Umgebung färbt immer auf uns ab. Umgeben wir uns nur mit negativen Menschen, so wirkt sich dies ganz klar negativ auf uns ab. Genauso überträgt sich aber auch Positivität auf uns und das ist doch genau das, wonach wir suchen.

Die eigenen Stärken

Denken Sie einmal ausgiebig darüber nach, wie viele und welche Stärken Sie haben. Jeder Mensch hat gewisse Fähigkeiten. Jeder Mensch kann bestimmte Dinge besser als seine Freunde. Auch Sie haben Stärken, die Sie sich nun einmal ganz nah vor Augen führen sollten. Sie können auch einfach mal bei Ihren Freunden oder Familienmitgliedern nachfragen, welche Stärken sie in Ihnen erkennen. Denn oftmals sehen wir einfach über sie hinweg, weil wir sie ebenfalls als selbstverständlich ansehen.

Positives Denken

Denken Sie einmal an das letzte Mal zurück, als Sie einen schlechten Tag hatten. Jemand hat Ihnen wahrscheinlich gesagt, Sie sollten "das Kinn hochhalten" oder "das Glas als halb voll anstatt halb leer betrachten". Unabhängig davon, ob Sie diesen Ratschlag befolgt haben oder nicht, ist es ratsam, trotz Hindernissen oder Rückschlägen zu versuchen, Ihren Optimismus zu bewahren. Warum? Weil die Vorteile des positiven Denkens viel größer sind, als Sie vielleicht denken.

Die positive Psychologie ist eine Domäne, die sich in letzter Zeit im Bereich der Psychologie herausgebildet hat. Sie befasst sich mit der Untersuchung der psychologischen und physiologischen Auswirkungen positiver Gewohnheiten, Gedanken und Verhaltensweisen. Gegenwärtig gibt es eine Fülle von Forschungsergebnissen, die darauf hindeuten, dass positiv denkende Menschen viel besser durchs Leben schreiten als Pessimisten. Wenn es um Stresspegel, psychologische und physiologische Gesundheit geht, haben Optimisten die Nase vorn.

Die fünf wichtigsten Vorteile des positiven Denkens

1. Bessere Mechanismen zur Stressbewältigung

Wir alle sind von Zeit zu Zeit mit Stresssituationen konfrontiert. Arbeitsplatzverlust, Ärger zu Hause, Konflikte mit einem Kollegen oder eine Hochdruckprüfung, oder wie in Ihrem Fall mit dem Verlust eines geliebten Menschen. Dies sind nur einige der Stresssituationen, denen ein Mensch jederzeit ausgesetzt sein kann. Wie viel Stress es in Ihrem Leben auch geben mag, es kommt darauf an, wie Sie mit diesen Stresssituationen umgehen. Forscher haben gezeigt, dass selbstbewusste Optimisten der Enttäuschung eher dadurch begegnen, dass sie herausfinden, welche Maßnahmen sie ergreifen können, um die Situation zu verbessern. Anstatt zu bereuen, was schief gelaufen ist, oder Energie zu verschwenden und sich auf Dinge zu konzentrieren, die sie nicht ändern können, versuchen sie, schwierige Situationen zu lösen. Pessimisten gehen den umgekehrten Weg, indem sie davon ausgehen, dass sie die Situation nicht ändern können.

2. Bessere psychische Gesundheit

Bei positiv denkenden Menschen ist es weniger wahrscheinlich, dass sie psychische

Gesundheitsprobleme wie Depressionen oder Angstzustände erleben und im Allgemeinen erfreuen sie sich im Vergleich zu Pessimisten einer besseren psychischen Gesundheit. Es stimmt zwar, dass Menschen, die an psychischen Krankheiten wie Depressionen leiden, nicht durch positives Denken "geheilt" werden können, aber es trägt langfristig zu einem gesunden Geist und positiven Emotionen bei. Wenn Sie lernen, Ihr Leben mit einer positiven Einstellung anzugehen und Ereignisse konstruktiv zu erklären, fällt es Ihnen leichter, mit schweren Schicksalsschlägen und Enttäuschungen im Privatleben umzugehen.

Wenn Sie sich selbst nicht als Optimist sehen, brauchen Sie sich keine Sorgen zu machen. Es ist nicht schwer, negative Denkmuster zu überwinden und die Vorteile des positiven Denkens zu erfahren. Die Stille ist eine Möglichkeit, Ihnen zu helfen, Negativität zu überwinden. Durch Meditation können Sie lernen, sich von der Art und Weise zu lösen, auf die Sie zum Denken konditioniert worden sind.

3. Bessere körperliche Gesundheit

Es ist nicht sicher, ob Menschen, die positiv denken, eher zu gesunden Verhaltensweisen wie regelmäßiger Bewegung neigen. Eine andere Theorie, die erklärt, warum Optimisten dazu neigen, gesünder zu sein, ist, dass sie weniger Stress erfahren oder besser in der Lage sind, mit Stress umzugehen, sodass die Auswirkungen von Stress auf den physischen Körper geringer sind. Was auch immer der Grund dafür ist, Optimisten erfreuen sich im Vergleich zu Pessimisten einer besseren Gesundheit:

- Optimisten leben länger.
- Positiv denkende Menschen erholen sich schneller von Verletzungen und Krankheiten.
- Optimisten haben ein besseres Immunsystem – sie sind weniger anfällig für Erkältungen.
- Positiv denkende Menschen sterben seltener an Herz-Kreislauf-Erkrankungen.

4. Besseres soziales Leben

Dieser Nutzen ist ziemlich intuitiv. Denken Sie an die Menschen, die Sie normalerweise um sich haben möchten. Sind sie negativ, beschweren sie sich immer oder sind sie häufig schlecht gelaunt? Wir sind bereit zu vermuten, dass dies nicht der Fall ist. Es ist ganz natürlich, mit Menschen zusammen sein zu wollen, die fröhlich und optimistisch sind. Deshalb haben Menschen, die viel lachen und dazu neigen, Ereignisse in einem positiven Licht zu sehen, eher mehr Freunde.

5. Mehr Erfolg

Im Allgemeinen sind Optimisten erfolgreicher, sie verdienen mehr Geld an ihrem Arbeitsplatz. In einer Studie über Versicherungsverkäufer verkauften optimistische Verkäufer 88% mehr als pessimistische Verkäufer. Sie gaben auch seltener ihre Arbeit auf. Sie gaben weniger auf, wenn sie mit arbeitsbedingten Schwierigkeiten konfrontiert waren und beschrieben eher eine hoffnungsvolle Zukunft, wenn es um ihre Karriere ging.

12 Wege, positives Denken zu erlernen

Öfter lachen

Nicht alles im Leben muss ernst sein. Lachen wird nicht nur Ihren Tag erhellen. Es ist auch bekannt dafür:

- Es macht Sie für andere Menschen attraktiver.
- Es stärkt die Bindung zwischen einzelnen Menschen.
- Es trägt zur Verbesserung der geistigen Funktion bei.
- Es erhöht die Abwehrkräfte des Immunsystems.

- Es dient der Förderung der Zusammenarbeit mit anderen.
- Es hilft beim Abbau von Stress.

Wollen Sie mehr Lachen in Ihr Leben integrieren? Sehen Sie sich eine Ihrer Lieblingskomödien an, durchsuchen Sie YouTube nach lustigen Videos oder besuchen Sie eine Comedy-Veranstaltung eines Komikers, den Sie lieben. Oder lachen Sie ganz einfach häufiger zusammen mit Ihren Freunden und Familienmitgliedern.

Anderen etwas zurückgeben

"Am Ende unseres Lebens werden wir nicht danach beurteilt, wie viele Diplome wir erhalten haben, wie viel Geld wir verdient haben, wie viele großartige Dinge wir getan haben. Wir werden danach beurteilt werden, ob ich hungrig war und du mir etwas zu essen gegeben hast, ob ich nackt war und du mich angezogen hast, ob ich obdachlos war und du mich aufgenommen hast."

- Mutter Teresa -

Die Fähigkeit, anderen etwas zurückzugeben, ist eines der größten Geschenke, die uns im Leben gegeben werden. Sie wird Sie nicht nur positiv denken lassen, sondern Ihnen eine völlig neue Lebensperspektive eröffnen. Sich einer Gruppe anzuschließen, die der Gemeinschaft etwas zurückgibt, wird Ihr soziales Wohlergehen verbessern, es wird Ihnen helfen, neue Beziehungen zu knüpfen und Sie werden den Tag für andere erhellen.

Möchten Sie heute anfangen? Finden Sie einen Obdachlosen und bringen Sie ihm eine Mahlzeit, helfen Sie einer älteren Frau, ihre Einkäufe ins Auto zu laden, fragen Sie einen Mitarbeiter, ob Sie ihm bei irgendetwas helfen können.

Eine Pause machen

Zwischen Arbeit, Familie, Freunden und all unseren täglichen Verpflichtungen bleibt wenig Zeit für Pausen. Wenn Sie positives Denken fördern wollen, müssen Sie lernen, sich Zeit für sich selbst zu nehmen. Nehmen Sie sich täglich mindestens eine halbe Stunde Zeit, um sich zu entspannen und auszuruhen. Entfliehen Sie dem Lärm des Lebens und nehmen Sie einfach Ihre Umgebung in sich auf. Nehmen Sie sich Zeit, um allein zu sein und sich zu entspannen.

Beginnen Sie noch heute, indem Sie Ihre "Me-Time" in Ihrem Terminplan buchen. Das kann alles sein, was Ihnen hilft, sich loszulösen und zu entspannen, zum Beispiel spazieren gehen, meditieren, an einem entspannenden Ort sitzen und Ihre Umgebung in sich aufnehmen. Ich finde es einfacher, mir diese Zeit am Anfang des Tages zu nehmen, bevor zu viel los ist.

Eine der besten Möglichkeiten, eine dauerhaft positive Einstellung zu fördern, ist regelmäßige Bewegung. Wenn Sie 4-5 Mal pro Woche mindestens 30 Minuten lang Sport treiben, wird dies Ihr Leben buchstäblich verändern. Das Gefühl, das Sie nach dem Training haben, wird Sie motivieren, Ihr Training fortzusetzen. Aerobe Aktivität steigert Ihr Selbstwertgefühl und Ihre Produktivität während des Tages.

Sind Sie bereit, etwas zu unternehmen? Stellen Sie sicher, dass Sie Ihre Herzfrequenz erhöhen und so viel wie möglich schwitzen. Finden Sie eine Aktivität, die Ihnen Spaß macht: Radfahren, Laufen, Wandern, Schwimmen, Gewichte heben. Je geringer die Intensität der Aktivität, desto länger müssen Sie trainieren.

Verbringen Sie Zeit im Freien

Die meisten von uns verbringen ihre Tage in unseren Büros und zu Hause. Sie können positives Denken fördern, indem Sie einfach nach draußen gehen und etwas Vitamin D zu sich nehmen. Wenn Sie viele Stunden in geschlossenen Räumen arbeiten oder in einem sehr kühlen Klima leben, ist das nicht so einfach wie für diejenigen, die im warmen Süden leben. Der Aufenthalt im Freien hat viele Vorteile:

- Ihr Immunsystem wird gestärkt.
- Sie verbessern Ihre Lebensperspektive.
- Sie erhöhen Ihren mentalen Fokus.
- Das Risiko, an Depressionen zu erkranken, verringert sich.

Versuchen Sie, zu Fuß zum Mittagessen zu gehen oder einen Platz mit Sitzgelegenheiten im Freien zu finden. Gehen Sie mit Ihrer Familie in den Park, nehmen Sie ein Hobby im Freien auf. Wenn Sie es unmöglich finden, nach draußen zu kommen, ist das in Ordnung. Stellen Sie Ihren Desktop auf ein bevorzugtes Reiseziel ein oder hängen Sie malerische Fotos an den Orten auf, an denen Sie sich am häufigsten aufhalten. Das Korean Journal of Radiology hat in einer Studie gezeigt, dass Menschen, die sich Landschaftsbilder und Naturlandschaftsfotos ansehen, eine ähnliche Gehirnreaktion wie beim Aufenthalt im Freien haben.

Abkoppeln von der Technik

Unser Leben wird von der Technologie bestimmt, wann immer wir eine Sekunde Zeit zum Atmen haben, checken wir e-Mails und aktualisieren unseren sozialen Status mit dem Gesicht nach unten in unseren Telefonen. Eine Studie von Mindscape fand heraus, dass diejenigen, die eine berufliche e-Mail im Anhang ihres Mobiltelefons haben, ein höheres Stressniveau haben, weil sie leicht zugänglich sind, um von Kunden oder ihrem Chef kontaktiert zu werden.

Abkoppeln von der Technik bedeutet:

- Kein Telefon.
- Kein Fernseher.
- Kein Radio.
- Kein Tablet.
- Kein Computer.

Versuchen Sie, ein Buch zu lesen, ein Brettspiel zu spielen oder Zeit mit Ihrer Familie oder Ihren Freunden zu verbringen.

Lächeln

Einer der schnellsten und einfachsten Wege, um Ihr positives Denken täglich zu steigern, ist ein einfaches Lächeln. Lächeln ist nicht nur Ihre natürliche Reaktion auf etwas, das Sie lustig finden, oder auf die Interaktion mit jemandem, den Sie mögen. Zu den Vorteilen des Lächelns gehören:

- Sie leiden seltener unter Stress und Angst.
- Sie wirken attraktiver.

- Es stärkt Ihr Immunsystem.
- Es hilft Ihnen, sich zu entspannen.
- Sie wirken vertrauenswürdiger auf Mitmenschen.
- Es setzt Endorphine frei.

Das sollte Motivation genug sein, um Sie hin und wieder zu einem einfachen Lächeln zu bewegen. Lächeln ist kraftvoll, Lächeln ist ansteckend, also lächeln Sie öfter und Sie werden im Leben glücklicher sein.

Selbstvertrauen stärken

Vertrauen ist nichts, was man sich aufzwingen kann, es ist eine Sache des Glaubens an sich selbst und an die Dinge, die man tut. Selbstvertrauen wird Ihr Selbstwertgefühl stärken, was Ihre positiven Gedanken in die richtige Richtung treibt. Spielen Sie niemals das Opfer. Wenn Sie in eine heikle Situation geraten, stehen Sie für das ein, was Sie für wahr halten, übernehmen Sie Verantwortung und finden Sie eine Lösung. Das Opfer zu spielen ist der einfachste Weg, um Ihr Selbstvertrauen zu zerstören. Sie werden anderen gegenüber nicht nur schwach erscheinen, sondern Sie werden sich auch schlecht fühlen und das ist dem positiven Denken abträglich. Selbstvertrauen ist eines der schwierigsten Dinge, die man auf dieser Liste lernen kann und verwechseln Sie Vertrauen nicht mit Arroganz.

"Arroganz ist der Glaube, dass Sie wichtig sind, Vertrauen ist der Glaube, dass Sie fähig sind."

- Anonym -

Wenn Sie an Ihrem Selbstvertrauen arbeiten wollen, fangen Sie damit an, Verantwortung für Ihre Handlungen zu übernehmen, seien sie gut, schlecht oder gleichgültig. Denken Sie auch daran, wenn Sie an anderen Dingen aus dieser Liste arbeiten, wird Ihr Selbstvertrauen mit auf die Reise gehen.

Lassen Sie die Dinge los

Wut im Straßenverkehr erleben wir fast täglich. Seien Sie nicht die Person, die ständig anfängt zu hupen und andere Autofahrer anbrüllt. Wollen Sie wissen, wer in solchen Situationen gewinnt? Derjenige, der es gut sein lassen kann. Wenn Sie lernen können, darüber zu lachen, wie man Ihnen den Stinkefinger zeigt und Sie angehupt werden, wird Ihr Tag weitergehen. Wenn Sie die Person am anderen Ende davon sind, kann Ihr Tag ruiniert werden. Sie werden diesen Groll für eine bestimmte Zeit in sich tragen und ihn an Ihrer positiven Einstellung nagen lassen.

Lassen Sie sich nicht mit Kleinigkeiten aufhalten, das Leben wird Ihnen viele echte Probleme bescheren, mit denen Sie fertig werden müssen. Wenn Sie das nächste Mal im Stau stehen, Ihr Internet langsam ist oder Ihr Kind etwas auf den Teppich schüttet ... lassen Sie es gut sein!

Genug Schlaf bekommen

In einer Studie der US National Library of Science fand man heraus, dass Schlaf einen höheren Einfluss auf die allgemeine Stimmung hat als auf das kognitive Verhalten oder die Motorik. Das stimmt, ein guter Schlaf kann Sie glücklicher machen. Es hat aber auch andere Vorteile, wie zum Beispiel:

- Sie sind in der Lage, Wissen leichter aufzusaugen.
- Die allgemeine Gesundheit verbessert sich.
- Ihre Haut altert langsamer.
- Ihre Ängste und Sorgen werden weniger.
- Die Fähigkeit zum Muskelaufbau wird erleichtert.

Mit all diesen Vorteilen des einfachen Schlafvergnügens sollten Sie motiviert genug sein, zu einer anständigen Stunde zu Bett zu gehen. Hören Sie auf Ihren Körper, er wird Sie wissen lassen, wann er Ruhe braucht.

Ein neues Hobby finden

Die Aufnahme eines neuen Hobbys schafft Sinn und Leidenschaft in Ihrer Freizeit. Ein neues Hobby wird Ihnen etwas geben, worüber Sie in einer Gruppe von Menschen sprechen können. Sie werden andere Leute finden, die sich für Ihr Hobby interessieren um sich mit Ihnen hierüber austauschen wollen. Werden Sie kreativ. Das kann alles sein, von dem Eintritt in eine Sportmannschaft bis zur Herstellung Ihres eigenen Bieres.

Ziele setzen

Ziele sind einer der wichtigsten Teile jeder Reise. Sie geben den Ton für Ihre Mission an. Ziele schaffen Klarheit, wenn die Zeiten schwierig werden. Sie bestärken Sie darin, warum Sie tun, wofür auch immer Sie sich entscheiden. Wenn Sie sich Ziele setzen und an diesen arbeiten, werden Sie motiviert bleiben.

Spaß haben

Finden Sie etwas, was Ihnen das Gefühl gibt, als wären Sie auf einer Achterbahnfahrt und tun Sie es öfter. Für die einen mag das ein mit Spannung erwarteter Film sein, für andere wird es der Besuch eines neuen Restaurants sein. Was auch immer es ist, das Ihnen Spaß macht, machen Sie es! Wir alle arbeiten jede Woche so hart für unsere freien Tage und unseren Urlaub, warten Sie nicht darauf, dass diese Zeiten ein wenig Spaß in Ihr Leben bringen.

SCHLUSSWORT

Sie haben unbestreitbar einen schweren Schlag erlitten, als Ihre Beziehung endete. Doch es ist an der Zeit, Ihre vergangene Liebe loszulassen und erforschen, wie außergewöhnlich schön das Leben sein kann, wenn Sie sich aus der inneren Leere befreien und den Blick wieder in Richtung Zukunft lenken. Seien Sie sich immer Ihres eigenen Wertes bewusst und zweifeln Sie niemals daran. Entwickeln Sie eine ausgeprägte, aber gesunde Selbstliebe, um den richtigen Partner zu finden, der Sie so lieben wird, wie Sie verdienen und wie Sie es sich wünschen.

Liebesbeziehungen enden hin und wieder. Das ist leider eine Tatsache des Lebens, die jeder von uns ertragen muss. Aber das Ende einer Liebesbeziehung darf niemals das Ende von Ihnen selbst sein.

Haftungsausschluss

Die Umsetzung aller enthaltenen Informationen, Anleitungen und Strategien dieses Buches erfolgt auf eigenes Risiko. Für etwaige Schäden jeglicher Art kann der Autor aus keinem Rechtsgrund eine Haftung übernehmen. Für Schäden materieller oder ideeller Art, die durch die Nutzung oder Nichtnutzung der Informationen bzw. durch die Nutzung fehlerhafter und/oder unvollständiger Informationen verursacht werden, sind Haftungsansprüche gegen den Autor grundsätzlich ausgeschlossen. Ausgeschlossen sind daher auch jegliche Rechts- und Schadenersatzansprüche. Dieses Werk wurde mit größter Sorgfalt nach bestem Wissen und Gewissen erarbeitet und niedergeschrieben. Für die Aktualität, Vollständigkeit und Qualität der Informationen übernimmt der Autor jedoch keinerlei Gewähr. Auch können Druckfehler und Falschinformationen nicht vollständig ausgeschlossen werden. Für fehlerhafte Angaben vom Autor kann keine juristische Verantwortung sowie Haftung in irgendeiner Form übernommen werden.

Urheberrecht

Impressum

Fiona Glock
2020
1. Auflage

Fiona Glock wird vertreten durch:

Joel Ludwig
Tegelbusch 23
26180 Rastede
lifewiss@gmail.com

Printed in Poland
by Amazon Fulfillment
Poland Sp. z o.o., Wrocław

23639977R00057